아우렐리우스
명상록

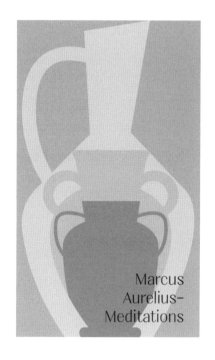

Marcus
Aurelius-
Meditations

아우렐리우스
명상록

마르쿠스 아우렐리우스 지음 | **박병덕 옮김**

젊어서 책을 읽음은 틈으로 달을 바라보는 것 같고, 중년에 책을 읽음은 자기 집 뜰에서 달을 바라보는 것과 같고, 노년에 이르러 책을 읽음은 창공 아래에 서서 달을 바라보는 것과 같다. 독서의 깊이는 체험의 깊이에 따라서 변하기 마련이다. 글자 없는 책, 즉 인생 그 자체를 읽을 수 있는 사람만이 지극히 현묘한 말을 할 수가 있다. 말로 설명하기 어려운 도를 해득하는 사람만이 부처의 지극히 높은 예지를 터득할 수 있으며 동서고금 불멸의 문학은 모두가 피와 눈물로 쓰인 것이다.

— 린위탕《생활의 발견》책과 독서에 대하여

서문

　로마의 마지막 황제 마르쿠스 아우렐리우스의 《명상록(Medita-
tions)》은 사상과 묵상 그리고 권고와 신념을 비망록 형식으로 기
록한 철학과 사색의 일기이며, 자기를 스스로 경계하고 깨우쳐 주
어진 삶을 충실하게 살아가라는 자기 성찰의 기록이다.

　아우렐리우스는 121년 로마에서 태어나 뛰어난 자질과 총명함으
로 자라 황제 하드리아누스의 총애를 받고 삼촌 안토니누스 피우스
의 양자가 되어 황제로서 통치하는 법과 해야 할 일들을 배우고 161
년 피우스 황제의 뒤를 이어 황제가 되었다.

　그가 로마를 통치하던 시대는 게르만족, 스키타이족 등 외적의
침략과 변방의 소란 등 외부로부터 위협이 계속되고 페스트와 티베
리스강의 범람으로 오랜 기간 전쟁과 질병, 기근과 시련을 겪으며
야만족과 카시우스의 반란으로 소환 명령을 기다리듯 오랜 기간 그
의 영혼은 지쳐 있었다.

　그는 전장에서도 손에 책을 놓지 않고 진리를 탐구하고 〈명상록〉
을 쓰면서 고독과 유랑의 시간을 달래며 그 어떤 것도 자기가 최선
을 다해 자기의 의무를 수행하는 것을 방해할 수 없고, 인간의 이성
적 영혼은 우주 로고스의 일부분이고 인생의 목적은 이러한 우주의
신성한 목적을 이해하고 따르는 것이라고 믿었다.

　인간은 신의 섭리를 거역하지 말고, 자연의 법칙에 순응하고, 자

연을 중시하고, 시시각각 다가오는 죽음을 어떻게 맞이하고, 무조건 복종만을 요구하던 시대 노예로 살기보다 철학자로 죽기를 택하고, 우월한 정신만이 열등한 육체의 노예가 되지 않으니 지금 바로 죽는 사람처럼 미래를 덤으로 생각하고 인간의 의무를 수행하며 인간답게 행동하라고 한다.

그리고 그는 아침에 일어나면 '오늘 나는 남의 일에 참견하기 좋아하는 사람과 은혜를 모르는 사람, 오만하고 교활한 사람, 속이기 잘하고 시기심 많은 사람, 이기적이고 무례한 사람들을 만날 것이니 처리하는 일마다 마지막 일인 것처럼 행동하고 사람에게 화를 내거나 미워하지 말라.'고 했다.

또한 '목적없이 행동하지 말고 공익이 아닌 다른 목적을 위해 행동하지 않으며, 지금 가야 할 길이 눈앞에 보이면 망설이지 말고 단호하게 그 길을 가라! 그러다 길이 보이지 않으면 가장 훌륭한 충고자들과 상의하고, 도중에 장애물이 나타나면 정의가 가리키는 길을 따라 조심스럽게 나아가라'라고 했다.

이 책은 스토아 철학을 강조한 배움, 인생, 운명, 죽음, 인간의 본성, 우주, 자연, 도덕 등을 주제로 한 고대 최고의 지성 철인왕(哲人王)의 자기 자신에게 이야기하는 '자성록(自省錄)'이다. 옳은 일이 아니면 행하지 않고 진실이 아니면 말하지 않으며, 마지막 순간까지 자기를 꾸짖고 위로하던 황제 아우렐리우스의 철학과 사색의 일기이다. 그는 전장에서 쓴 이 고백록을 자신이 황제가 아니라 홀로 선 고독한 한 사람으로 생각하고 읽어주기를 바랐다.

이 책은 1994년 6월 20일 육문사 교양사상신서로 출간한 ≪아우렐리우스 명상록≫을 2013년 개정판을 거쳐 현대에 맞게 문법, 어휘를 수정한 안티쿠스 책장(Antiquus bookshelf) 시리즈로 재출간하였다. 그리고 본문 하단에 있는 각주는 역자가 독자들의 이해를 돕기 위하여 붙인 역주이며, 본문 중에 나오는 인명과 지명은 외래어 표기법을 따르며 관행상 굳어진 표현은 그대로 표기하였다.

차 례

"지금 바로 죽을 수도 있는 사람처럼 행동하라"

아우렐리우스 생애와 사상

마르쿠스 아우렐리우스 안토니누스(Marcus Aurelius Antoninus)는 121년 4월 26일 로마에서 태어났다. 그의 아버지 안니우스 베루스(Annius Verus)는 로마의 귀족이었으며 어머니 도미티아 루킬라(Domitia Lucilla)는 집정관 카르비시우스 투루스의 딸로서 교양 있고 경건하고 자애로운 부인이었다.

베루스(Verus) 집안은 원래 스페인에서 살았는데──마르쿠스의 원래 이름은 Marcus Annius Verus였다──마르쿠스가 태어나기 1백 년 전부터 로마로 이주하여 살기 시작했다. 그의 할아버지 안토니우스 베루스(Antonius Verus)는 총독·집정관·원로원 의원 등의 요직을 지냈다.

마르쿠스는 여덟 살 때 아버지가 죽자 할아버지 슬하에서 자랐다. 어머니도 그가 어릴 때 죽은 것으로 알려져 있다. 그는 태어날 때부터 병약하여 학교에 다니지 않고 훌륭한 가정교사들로부터 교육을 받았다. 소년 시절은 행복했다. 그는 공부에 열중했으며 진실하고 성실했다. 당시 로마 황제는 하드리아누스(Hadrianus)였다. 하드리아누스 황제는 소년 마르쿠스를 사랑했으며 그의 이름인 Verus 를 Verissus(진실한 자)로 불렀다.

마르쿠스의 숙모 파우스티나(Faustina)와 그녀의 남편 아우렐리우스 안토니누스 피우스(Aurelius Antoninus Pius)에게는 아들이 없었다. 그래서 그들은 마르쿠스를 양자로 맞아들여 마르쿠스 아우렐리우스 안토니누스(Marcus Aurelius Antoninus)라고 이름 붙여 주고 그들의 후계자로 삼았다.

마르쿠스가 17세 때 하드리아누스 황제가 죽자 마르쿠스의 양부(養父)인 안토니누스 피우스가 제위를 물려받았다. 마르쿠스는 26세 때 양부 안토니누스 피우스의 딸 파우스티나(Faustina)와 결혼했다. 당시의 기록에 파우스티나는 부끄러움을 모르는 품행이 단정치 못한 여인이었으나 마르쿠스는 그녀에게 관대하게 대해 주었다고 한다.

마르쿠스와 파우스티나 사이에는 13명의 자녀가 있었는데 그는 자식들을 무척 사랑했다. 그러나 죽음의 신은 가장 변변치 못한 아들인 코모두스(Commodus)와 4명의 딸을 제외한 나머지 자식들을 마르쿠스로부터 모두 앗아갔다.

마르쿠스는 17세 때부터 미래의 황제로서 통치하는 법과 황제로서 해야 할 일들을 배웠다. 그를 위해 많은 스승이 초빙되었는데 모두 최고의 인물들이었다. 그들 중에는 플루타르크(Plutarch)의 조카이며 스토아학파 철학자인 섹스투스(Sextus), 그에게 에픽테토스(Epictetos)를 가르쳐 준 루스티쿠스(Rusticus), 수사학자(修辭學者) 프론토(Fronto) 등이 있었는데 그중에서도 마르쿠스는 특히 프론토(Marcus Cornelius Fronto)를 존경했다.

프론토는 유명한 웅변가일 뿐만 아니라 자신의 명확한 학설을 갖고 있었다. 마르쿠스와 프론토는 끊임없이 편지를 주고받았으며 그중 많은 편지가 오늘날까지 전해지고 있다. 그 편지들은 거의 라틴어로 쓰여 있으며 대부분이 139년부터 165년 사이에 주고받은 것들이다.

그 기간은 마르쿠스가 안토니누스 피우스의 양자로 들어간 지 얼마 안 되는 18세 때부터 그가 로마의 단일 황제이던 때까지다. 초반에 프론토가 마르쿠스에게 보낸 편지들 속에는 수사학 원리와 젊은이로서 읽어야 할 책들에 대한 조언이 담겨 있으나 후반의 편지들에는 당당한 맛이 없다.

특히 145년 마르쿠스가 수사학을 버리고 철학(Stoic philosophy)을 선택한 이후부터 그러했다. 그 편지들은 마르쿠스의 성품을 잘 말해 주고 있으며 스승과 가족들에 대한 애정 깊은 태도와 학문에 대한 열성, 황제이면서도 스승에 대한 지극히 겸손한 태도 등이 잘 나타나 있다.

후반의 편지들에는 피곤한 기색이 보이는데 이는 책 읽기를 원했던 시간을 공무로 보내지 않을 수 없었기 때문에 더욱 심해져 갔다. 그가 22세 때인 143년에 프론토에게 보낸 편지를 보자.

내가 쓴 시들을 보내 달라고 하시니 감사합니다. 내가 그 시들을 갖고 있었다면 즉시 보내 드려야 했겠지요. 그러나 비서 아니케투스(Anicetus)는 내가 떠나올 때 그것들을 하나도 챙겨 오지 않았습니다. 왜냐하면 그는 내가 몸이 약하다는 것을 알고 늘 그랬던 것처럼 내가 그 시들을 불에 던져 넣을까 두려워했기 때문입니다. 그러나 그 시들은 그렇게 하지 않겠습니다. 나는 그 시들을 사랑하고 있습니다. 이곳에서 나는 밤에 공부합니다. 낮에는 피곤하기 때문입니다. 게다가 아침에 일어날 때도 피곤합니다.

다음의 편지도 143년에 쓰인 것으로 여기서도 피곤함이 잘 드러나 있다.

내가 없을 때 스승님은 카토(Cato)를 읽으십니다. 스승님이 안 계실 때 나는 오후 여섯 시까지 탄원자들에게 귀를 기울여야 합니다. 밤이 빨리 왔으면 좋겠습니다. 그러면 깨어 있는 시간이 그만큼 짧아지고 스승님을 만나는 시간도 그만큼 빨리 올 것이기 때문입니다. 사랑하는 스승님, 안녕히 계십시오. 나는 거의 숨조차 쉴 수가 없습니다. 그토록 지쳐 있습니다.

145년경 마르쿠스는 수사학을 버리고 철학을 택했다. 그것은 프론토의 슬픔이며 괴로움이었다. 그러나 사적인 관계에는 아무런 영향도 주지 않았다. 그는 이미 수사학보다는 철학에 몰두하고 있었으며 스토아학파 철학자 주니우스 루스티쿠스(Junius Rusticus)의 영향을 받고 있었다.

그가 수사학을 버리고 철학을 택한 것을 이해하기 위해서는 당시 수사학의 위치와 스토아 철학의 호소력을 이해하지 않으면 안 된다. 당시는 강연자들의 시대였다. 그들은 공적인 행사에서 강연을 하고 중요 인사들 심지어 황제를 방문하기도 했다.

이들은 소피스트(Sophist)이었으며 직업적인 수사학자로서 커다란 명성을 얻고 있었다. 그들은 온 로마를 돌아다니며 강연했다. 로마의 황제들은 그들을 지방의 통치자와 로마의 집정관으로 삼았다.

귀족들은 그들의 오만한 태도를 놀라울 정도로 온순하게 참고 견뎠다. 로디체아(Laodicea)의 소피스트 폴레모(Polemo)가 갑자기 스미르나(Smyrna)로 돌아와 지방 총독이었던 안토니누스(Antoninus)를 한밤중에 집에서 쫓아낸 일도 있었고 심지어 마르쿠스의 스승 중 한 사람이며 백만장자인 아테네의 소피스트 헤로데스 아티쿠스(Herodes Atticus)가 마르쿠스의 법정 앞에서 황제를 시험하며 모욕을 준 일도 있었다. 그러한 일들은 온순한 친(親)그리스 황제들 치하에서나 일어날 법한 일이었다.

당시 상위의 교육이란 여전히 수사학 교육을 의미했다. 그러나 지식인들을 위한 철학 학교들도 있었고 2세기 전에는 키케로(Cicero)가 수사학과 스토아 철학을 통합하여 하나의 교육 체계를 세우려 했으나 실패하기도 했다. 그러니 성실한 마음의 소유자인 마르쿠스 아우렐리우스가 수사학에 등을 돌리고 스토아 철학을 택한 것은 놀라운 일도 아니다.

161년 마르쿠스의 양부인 황제 안토니누스 피우스가 죽자 마르쿠스 아우렐리우스가 제위를 물려받았다. 그러나 그에게 제위는 탐탁한 것이 아니었다. 철학이 그에게 위안이며 종교였다. 마르쿠스는 의회의 반대에도 불구하고 의동생인 루키우스 베루스(Lucius Verus)——마르쿠스의 양부 안토니누스 피우스는 마르쿠스를 양자로 맞이한 이후에 루키우스 베루스를 또 양자로 맞이했다——를 자기와 함께 황제의 자리에 올려놓았다.

그리하여 로마는 역사상 처음으로 동시에 두 사람의 황제를 갖게 되었다. 루키우스 베루스는 쾌활하고 태평스러운 젊은이였으며 정사를 거의 돌보지 않았다. 그러나 그는 결코 마르쿠스를 비난하지 않았다.

평화를 사랑하는 마르쿠스였지만 거의 끊임없이 전쟁을 겪었다. 그 전쟁들은 동부 속국들의 반란과 중부 유럽 게르만인들의 이동에 기인한 것이었다. 161년부터 166년까지는 파르티안(Parthian) 전쟁이 있었는데 이때 마르쿠스의 의동생 루키우스 베루스가 군대를 이끌고 가서 승리하고 돌아왔다. 페스트가 로마 전역을 휩쓴 것도 이 원정의 결과였으며 그것은 로마 멸망의 중요한 원인이 되기도 했다.

또한 이때 티베리스강의 범람으로 로마는 엄청난 곡식을 잃었다. 마르쿠스는 굶주리고 있는 백성들을 구제하기 위해 궁정의 보물들을 팔아야만 했다.

마르쿠스는 페스트와 기근의 걱정 속에서도 끊임없이 전쟁을 겪지 않으면 안 되었다. 동부의 콰디(Quadi)·마르코마니(Marco-manni)·사르마티(Sarmati)의 사나운 종족들이 끊임없이 황제의 방어망을 뚫으려 했기 때문이다.

위험에 직면한 마르쿠스는 167년 찌든 군대를 이끌고 로마를 떠나 다뉴브강을 따라 원정길에 올랐다. 그는 그곳에서 많은 시간을 보냈으며 결국 그곳에서 죽게 된다.

167년 의동생 루키우스 베루스가 병으로 죽자, 그는 이후 13년 동안 혼자서 로마를 통치했다. 그 후 아시아의 아비디우스 카시우스(Avidius Cassius)라는 자가 마르쿠스가 죽었다는 소문을 퍼뜨리며 자신을 황제라고 자칭하고 반란을 일으켰다.

이러한 소문을 들은 마르쿠스는 병사들을 향해 이렇게 말했다고 한다.

"병사 여러분, 내가 이곳으로 온 것은 꾸짖거나 화를 내기 위해서가 아닙니다. 만능인 신에 대해 화를 낼 필요가 있겠습니까? 그러나 부당하게 불행에 처해 있는 사람들은 비탄하지 않을 수 없는 것입니다. 나도 지금 그러한 경우에 처해 있습니다. 우리가 전쟁의 소용돌이 속에 휘말려 있는 것은 참으로 두려운 일입니다. 동족이 서로 다투는 것은 너무도 어이없는 일입니다. 사람들 사이에 아무런 신뢰도 없는 것, 가장 친한 자로부터 배반당하는 것, 부정을 저지른 일도 없고 법을 위반한 일도 없이 나도 모르게 싸움에 휘말려 들어가는 것만큼 두렵고 어이없는 일은 없습니다. 가능하다면 카시우스를 여러분 앞에 불러 대답하도록 하고 싶습니다. 그리하여 만일 그가 황제가 되는 것이 공익을 위해 유익한 일이라고 생각되면 나는 싸우지 않고 기꺼이 그에게 통치권을 양도하고 싶습니다."

그리하여 마르쿠스는 아시아로 향했다. 그러나 카시우스는 부하

두 사람에게 살해되었다. 부하들이 그의 목을 가져왔을 때 마르쿠스는 그 끔찍스러운 모습을 차마 보지 못했으며 반역자들을 관대하게 대해 주었다. 동방 원정 기간에 그와 함께 갔던 아내 파우스티나(Faustina)가 죽었다.

마르쿠스는 다시 다뉴브강 지방으로 돌아와 게르만족의 침입을 막기에 힘썼다. 그는 그곳에 있는 동안 〈명상록〉을 쓰면서 고독과 유랑의 시간을 달랬다. 〈명상록〉이 그에게는 철학 일기였다.

그의 영혼은 여러 가지 수난과 전쟁에 시달려 지쳐 있었다. '소환 명령을 기다리고 있다'라는 그의 말처럼 그는 인생에 지쳐 버린 것이다.

마침내 페스트가 그를 덮쳤다. 그는 며칠 동안 앓다가 180년 3월 17일 세상을 떠났다. 그때 나이 59세였다. 그는 마지막으로 이렇게 말했다.

"나의 죽음을 슬퍼하지 말라. 오히려 전염병에 걸린 사람들과 수많은 사람의 죽음을 생각하라."

스토아 철학에 대하여

　스토아 철학(Stoic philosophy)은 B.C. 300년경에 키프로스
(Cyprus) 출신의 제논(Zenon)에 의해 제창된 것으로 제논이 강연
하곤 했던 아테네의 '줄지어 서 있는 기둥'이란 뜻을 지닌 'Stoa'라
는 단어에서 생겨난 이름이다.

　스토아 철학자들은 우주를 지배하는 로고스(Logos), 즉 이성(理
性)이 모든 사물 속에 편재(遍在)해 있다고 믿었다. 그들은 이 로
고스를 물질이라고 생각했으며 신성한 '불'의 정화된 형태라고 생
각했다.

　대부분의 스토아 철학자는 우주는 주기적으로 거대한 불로 되돌
아간다고 믿었으며 이러한 신념은 우주가 단일체임을 강조하는 것
이었다.

　그리고 그들은 인간 고유의 부분인 인간의 이성, 다시 말해 인간
의 이성적 영혼은 우주 로고스의 일부분이라고 생각했다. 따라서
인간의 이성적 영혼은 우주의 이성과 동족(同族)이므로 우주의 신
성한 목적을 이해하고 그에 따라야 하는 것이다.

　그러한 마음의 상태만이 덕(德)이며 행복을 가져온다. 건강과 부
(富), 그리고 그 밖의 것들은 전혀 문제가 되지 않으며 조금도 중요
하지 않은 것이다.

그러므로 인생의 목적은 이러한 마음의 상태를 얻고 우주의 신성한 목적을 이해하여 그에 따르는 것이다. 즉 '자연에 일치하여', '자연에 따라' 살아야 한다. 그것이 진정한 의미에서 자유의지를 발휘하는 것이다.

인간은 시대 풍조에 대항할 수 있으며 자연의 신성한 목적이자 우주의 목적, 즉 우주의 이성과 자신의 이성에 일치하여 살아갈 수 있다. 만일 인간이 그렇게 살아가지 않는다면 그는 자기 자신과 화목하지 못할 것이며 적어도 자기 최선의 부분, 즉 자신의 참된 인간적 본성과 화목하지 못할 것이다.

스토아학파에 이성적이 아닌 것은 모두가 비이성적이며, 옳지 못한 것은 모두가 그릇된 것이었다. 즉 '물속 1마일에서 익사하듯이 물속 1피트에서도 익사한다'라는 키케로의 말에서 나타나는 것처럼 선과 악의 정도는 절대 존재하지 않았다. 이러한 엄격함은 덕을 향해 나아가야 함을 강조한 것이었다.

그는 물의 표면 아래에만 있는 사람들은 물 밑바닥에 있는 사람들보다 오히려 표면에 도달할 희망이 없다고 여겼다.

그리하여 그는 덕으로 향한 자신의 진행으로부터 용기를 얻을 수 있었다. 이 스토아 철학의 현자는 우주의 신성한 목적과 자신의 의무를 완전히 이해하고 있었으며, 그 어떤 것도 자기가 최선을 다해 의무를 수행하는 것을 방해할 수 없다는 것을 이해하고 있었다.

이 스토아학파의 현자에게는 자기 마음의 평온만이 문제가 되었기 때문에 자신의 의지에 속하지 않는 환경들로 인한 어떤 실패에 의해서도 방해를 받지 않고 자기의 의무를 성실히 수행해 나아갈 수 있었다.

결과에 구애받지 않는 선을 향한 행위에 대한 열의와 마음의 평정을 깨뜨릴 수도 있는 모든 감정과 욕망에 대한 불신의, 이 기이한 조화를 현대 철학자 에드윈 베반(Edwyn Bevan)은 이렇게 설명한다.

스토아 철학의 요점은 모든 사물은 욕망의 대상이 되지 않고 선을 향해 나아가는 데 도움을 줄 수 있다는 것이다. 만일 당신이 하인이고 주인을 위해 소포 하나를 가져오라고 우체국으로 보내졌다면 당신은 그 소포가 도착했을까 어떨까에 대해서는 전혀 관계하지 않고 오직 우체국으로 가기만 할 것이며, 모든 움직임은 하나의 목적을 지향할 것이다. 설사 소포가 그곳에 없다 하더라도 당신은 실망하지 않고 그 일에 대해 당신이 해야 할 임무를 완수한 것으로 만족할 것이다. 이것은 외부 사물에 대한 저 스토아 철학의 현자가 취한 태도와 같은 종류의 것이다.

이렇듯 그 스토아 철학자는 로고스(Logos)의 하인이었다. 그는 마르쿠스 아우렐리우스가 그랬듯이 어떤 가정하에, 즉 조건부로 어떤 행위를 취하는 것이다. 왜냐하면 만일 환경이 그의 본래 목적을 성취하지 못하도록 한다면 그는 새로운 환경에 자기 자신을 적용시킬 것이며 자기를 방해한 환경들을 덕의 실천을 위한 새로운 기회로 삼을 것이기 때문이다.

그는 자신의 성품, 즉 마음의 상태가 변하지 않는 한 아무런 영향도 받지 않고 자기 자신과 신성한 이성에 따라 계속해서 행동함으로써 인간의 의무를 수행하며 이성적 존재인 인간답게 행동하는 것이다.

물론 인간은 완전히 이성적일 수만은 없다. 인간은 동물과 식물을 포함한 모든 살아 있는 존재들과 마찬가지로 마르쿠스가 생명의 호흡이라고 했던 생명의 영혼을 갖고 있으며, 또 동물적 존재로서 동물들처럼 육체에 속해 있는 감정과 지각, 즉 감각적 영혼을 갖고 있기 때문이다. 그러므로 인간은 살아 있는 한, 그리고 감각이 있는 한 자신에게 더욱 덜 중요한 이 부분들을 돌보게 된다.

그러나 인간은 이러한 부분들이 가장 중요한 이성적 영혼을 방해하도록 또는 그러한 부분들의 수준으로 끌어내리도록 내버려 두어서는 안 된다. 그 가장 중요한 부분이야말로 인간의 내부에 있는 우주 이성의 일부이며 인간을 지배하고 통치하는 부분이다.

무조건적인 복종만을 요구했던 황제들이 통치하던 시대에 스토아 철학은 반대자들의 종교가 되기도 했다. 많은 사람이 노예로 살기보다는 차라리 스토아 철학자로서 죽기를 택했다. 그것은 오직 선이냐 악이냐, 이성이냐 감각이냐, 현명함이냐 어리석음이냐의 양자택일만을 허락하는 엄격함에서 기인한 것이었다.

마르쿠스 아우렐리우스의 《명상록(瞑想錄)》은 그가 삶의 후반에 남긴 철학적 일기이며 자기의 사상과 묵상 그리고 권고(훈계)와 신념을 비망록의 형식으로 기록해 놓은 책이다. 이 책은 그리스어로 쓰였다.

우리가 이 책을 읽을 때 마음에 새겨 두어야 할 것이 있다. 그것은 이 책이 로마 황제가 자기 자신에게 이야기하고 있는 '자성록(自省錄)', 즉 자기 성찰의 기록이라는 사실이다.

따라서 여기서 '당신'이라고 부르며 꾸짖고 위로하는 대상은 독자들이 아니라 황제 자신이다.

아우렐리우스 명상록

Marcus Aurelius Meditations

나는 여러분이 이 사람을
황제가 아니라 홀로 선 고독한 한 사람으로 생각하고
이 고백록을 읽어주기를 바란다.

제1권

1

나는 베루스[1] 할아버지로부터 바른 예의와 침착함을 배웠다.

2

나는 아버지[2]의 명성과 아버지에 대한 기억으로부터 자중(自重)과 허식이 없는 남자다움을 배웠다.

3

나는 어머니[3]로부터 경건함과 관대함, 그리고 악한 행동뿐만 아니라 악한 생각까지도 멀리해야 한다는 것을 배웠으며 부유한 사람들의 생활 습관과는 전혀 다른 검소한 생활 태도를 배웠다.

---

1) 안니우스 베루스(Annius Verus). 로마 총독, 집정관 등을 지낸 마르쿠스 아우렐리우스의 할아버지로서 마르쿠스는 부친이 죽은 후 할아버지 슬하에서 자랐다.
2) P. 안니우스 베루스. 마르쿠스 아우렐리우스가 15세 되기 전에 죽었음.
3) 도미티아 루킬라(Domitia Lucilla). 다음 단장에 나오는 카틸리우스 세베루스의 손녀이며 마르쿠스의 어머니.
4) 마르쿠스 아우렐리우스의 외증조할아버지인 카틸리우스 세베루스(Catilius Severus). 로마의 총독과 집정관을 지냈음.

4

나는 증조할아버지[4]로부터 학교 교육을 받기보다는 훌륭한 스승님을 모셔야 하고 그것을 위해서는 돈을 아끼지 말 것을 배웠다.

5

가정교사이신 스승으로부터 나는 경기에서 청군(靑軍) 녹군(綠軍) 중 어느 한쪽을 편들어서는 안 되며 검투 시합에서 중무장한 검투사나 경무장한 검투사 중 어느 한쪽을 편들어서도 안 된다는 것을 배웠다. 또한 그분으로부터 인내심과 자제력을 배웠으며 나 자신의 일에만 정신을 쏟고 결코 남들이 비방하는 이야기에 귀를 기울여서는 안 된다는 것을 배웠다.

6

디오그네투스(Diognetus)[5]로부터 나는 하찮은 일에 탐닉해서는 안 되며, 마법사나 주술로 기적을 행하는 자의 말을 믿어서는 안 되며, 닭싸움 같은 오락은 피해야 하며, 그러한 것들로 흥분해서는 안 된다는 것을 배웠다. 또한 솔직한 말에 대해 분개해서는 안 되며, 바케이우스(Baccheius)를 비롯하여 탄다시스(Tandasis), 마

---

5) 화가이며 철학자로서 마르쿠스가 11세 때 그를 통해 스토아 철학을 처음으로 알게 됨.

르키아누스(Marcianus)에 이르는 철학자들의 학문과 친숙해져야
하며, 젊은 시절에 작문해야 하며, 널빤지나 짐승 가죽 위에서 잠
을 자는 일 같은 그리스의 엄격한 훈련을 받는 데 열중해야 한다는
것을 배웠다.

7

루스티쿠스(Rusticus)[6]로부터 나는 나의 성격을 바로잡고 단련
해야 한다는 것을 배웠으며, 궤변론자(Sophist)들의 수사법에 열
중함으로써 그릇된 길로 빠져서는 안 된다는 것, 확실하지도 않
은 자기의 이론을 글로 쓴다거나 훈계조로 연설한다거나 금욕주의
자나 이타주의자인 체해서는 안 된다는 것을 배웠다. 또 수사학이
나 시, 언어의 기교를 삼가야 하며, 집안에서 화려한 옷치장을 한
다거나 타락한 취미를 피해야 하며, 편지를 쓸 때는 그가 시누엣사
(Sinuessa)에서 나의 어머니에게 보낸 편지처럼 쉬운 문체로 써야
한다는 것을 배웠다. 또 화를 내고 잘못을 저지른 사람이 다시 나와
화해하고 싶어 하는 기색을 보이면 즉시 화해해야 하며, 책을 읽을
때는 피상적인 이해로 만족하지 말고 정독을 해야 하며, 수다스러
운 사람들의 말에 성급히 동의해서는 안 된다는 것을 배웠다. 그를

---

6) Q. Junius Rusticus. 마르쿠스에게 법률을 가르친 스토아학파 철학자. 마르쿠스의 친구이기
도 했다.

통해서 나는 에픽테토스의 논문을 알게 되었는데 그것을 자기 서재에서 꺼내어 내게 주었다.

8

아폴로니우스(Appollonius)[7]로부터 나는 모든 일을 운에 맡기지 말고 스스로 결정해야 하며 한순간이라도 이성을 잃어서는 안 된다는 것을 배웠다. 또한 뼈저린 고통이나 자식을 잃는 괴로움을 당하고 고질병에 걸려 괴로움의 나날을 보낸다고 하더라도 동요됨이 없이 한결같아야 한다는 것을 배웠다. 그는 한 인간이 한편으로 매우 격렬하면서도 다른 한편으로는 온화할 수 있음을 보여 준 산 증거였다. 그의 설명은 항상 명쾌함의 표본이었다. 그럼에도 그는 자신의 실제적인 경험과 철학을 가르치는 재능을 자기 재능 가운데서 가장 보잘것없는 것으로 평가했다. 나는 또한 그에게서 내 자존심을 손상하거나 상대방에게 쌀쌀하고 매정하다는 인상을 주지 않으면서 친구들의 위장된 호의를 받아들이는 방법을 배웠다.

---

7) Chalcedon으로부터 로마로 온 마르쿠스의 철학 선생. 그가 맨 처음 마르쿠스의 부름을 받고 궁정으로 왔을 때 그는 "선생이 학생에게 가는 것은 도리가 아니며, 학생이 선생에게 와야 한다"라고 말했다 한다.
8) Plutarch의 손자. 마르쿠스의 철학 선생의 한 사람.

9

섹스투스(Sextus)[8]로부터 나는 다정함과 아버지다운 위엄으로써 가정을 다스려가는 방법과, 자연의 섭리에 따라 사는 삶의 진정한 의미와, 자의식이 깃들어 있지 않은 품위와, 친구를 위한 세심한 관심과, 교양 없는 사람들과 분별없는 사람들에 대해 온화한 마음으로 참아야 함을 배웠다. 사람들은 어떤 아첨보다도 상대방에게 알맞은 예의를 지키는 그와의 교제를 더 유쾌한 것으로 생각했으며 가장 존경할 만한 사람으로 받들었다. 또한 인생의 필수적인 원칙을 결정하고 체계화하는 그의 방법은 누구나 이해할 수 있을 정도로 질서 정연했다. 그는 결코 분노나 그 어떠한 격한 감정도 드러내지 않았으며 마음의 흔들림 없이 항상 깊은 애정에 차 있었다. 그는 남을 칭찬할 때 언제나 조용히 호들갑스럽지 않게 했으며 자기의 박식한 지식을 과시하는 일도 없었다.

10

비평가인 알렉산더(Alexander)[9]로부터 나는 남의 흠을 들추어내서는 안 되며 야비한 말이나 문법에 어긋난 말이나 발음을 틀리게

---

9) 그리스인으로 문법학자.

하는 사람들을 꾸짖지 말고 대답하되 바로 그 화제에 대해서(그들이 한 그 표현에 대해서가 아니라) 다정하게 논의하면서 은근히 암시해 줌으로써——혹은 그 이외의 어떤 적당한 다른 방법으로——올바른 표현을 일깨워 주어야 한다는 것을 배웠다.

11

나의 선도자(善導者)이신 프론토(Fronto)[10]로부터 나는 절대 권력에는 반드시 악의와 간교함과 표리부동함이 따른다는 것과 우리 귀족에게는 대체로 평범한 인간애의 감정이 결여되어 있다는 것을 배웠다.

12

플라톤 학파인 알렉산더(Alexander)[11]로부터 나는 사람들과 대화할 때나 편지를 쓸 때 참으로 불가피한 경우가 아니면 '너무 바빠서 시간이 없다'라는 말을 사용해서는 안 된다는 것과, 긴급한 용무를 구실로 자기가 속한 사회에 대한 의무를 회피해서는 안 된다는 것을 배웠다.

---

10) 수사학자. 마르쿠스의 스승 중에서도 마르쿠스가 가장 존경했던 사람.
11) 그리스인으로 마르쿠스의 비서였다 함.

13

스토아학파인 카툴루스(Catulus)로부터 나는 친구의 비난은 비록 그것이 온당치 못하더라도 무시해서는 안 되며 오히려 그 호의에 부응하도록 최선을 다해야 한다는 것을 배웠다. 또한 도미티우스(Domitius)와 아테노도투스(Athenodotus)에 관한 기록에서 볼 수 있는 것처럼 자기 스승에 관한 말을 할 때는 깊은 존경심을 가지고 해야 하며 아이들에게는 진심 어린 애정을 쏟아야 한다는 것을 배웠다.

14

나의 형제인 세베루스(Severus)[12]로부터 나는 친척들을 사랑하고 진리를 사랑하고 정의를 사랑해야 한다는 것을 배웠다. 또한 그를 통해 트라세아(Thrasea)·카토(Cato)·헬비디우스(Helvidius)·디온(Dion) 그리고 브루투스(Brutus)를 알게 되었으며 만인 평등과 언론의 자유에 기초를 둔 공화국의 개념과 무엇보다도 시민의 자유를 존중하는 정체(政體)의 개념을 알게 되었다. 또한 늘 변함없이 철학을 존중하고 선행에 열중할 것과 관대하고 낙천적인 성품과 우정에 대한 믿음을 배웠다. 그는 어떤 사람을 꾸짖어야 할 때는 맞대놓고 직설적으로 꾸짖었으며 친구들이 그가 무엇을 좋아하고 무엇을 싫어하는지

---

12) 마르쿠스에게는 형제가 없었다. 소요학파인 Claudius Severus로 생각됨. 그의 아들이 마르쿠스의 둘째 딸과 결혼했으므로 형제라고 부른 것으로 보인다.

확실하게 알 수 있도록 솔직하게 말해 주었다.

15

막시무스(Maximus)[13]로부터 나는 자제력과 확고부동한 목적의식을 갖고 질병이나 어떠한 불운에도 항상 쾌활해야 한다는 것을 배웠다. 그는 품위와 온화한 성품이 훌륭하게 조화된 사람이었으며 자기의 모든 의무를 아무 불평 없이 묵묵히 수행했다. 사람들은 그가 생각하고 있는 그대로 말하며 옳다고 판단한 것만을 행동한다고 믿었다. 그는 결코 놀라거나 두려워하거나 서두르거나 늑장을 부리거나 당황하는 일이 없었고 낙담하여 의기소침해지거나 억지로 미소를 지어 보이거나 화를 내거나 질투하는 일이 없었다. 언제나 온화하고 관대하고 진실했으며 청렴하고 강직한 그의 성품은 수양 된 것이라기보다는 천성적으로 타고난 것이라는 인상을 주었다. 그에게 멸시받았다고 생각하는 사람은 아무도 없었고 감히 자신이 그보다 더 훌륭하다고 생각하는 사람도 없었다. 게다가 그는 뛰어난 유머 감각까지 갖고 있었다.

---

13) 스토아학파 철학자. 마르쿠스의 총애를 받았으며 집정관을 지냈다.
14) 마르쿠스의 생부 P. Annius Verus가 아니라 그의 양아버지인 Antoninus Pius 황제 (138~161년 재위).

16

아버지[14]로부터 나는 너그러워야 하며 심사숙고한 결정에 대해서는 조금도 흔들림이 없어야 하며 저속한 명예 따위에는 전혀 무관심해야 한다는 것을 배웠다. 그분은 근면하고 인내심이 있었으며 공익을 위한 충언에 기꺼이 귀를 기울이고 포상할 때 그 공적에 따라 공평하게 했으며 엄하게 다스려야 할 때와 고삐를 늦추어야 할 때를 잘 알았고 미소년들에 대한 동성애적인 욕정을 자제했다.

그분은 사려가 깊었고 친구들에게 식사에 동석하거나 여행에 동행하기를 강요하지 않았으며 부득이한 사정으로 자신을 수행하지 못한 사람들에게도 한결같이 친절하게 대해 주었다. 심의해야 할 모든 문제에 대해 신중하고 끈기 있게 연구했으며 얼핏 떠오르는 생각으로 소홀히 처리해 버리는 일이 없었다. 친구들에 대한 우정은 변함이 없었고 변덕스럽거나 지나치지 않았다. 어떤 일에 직면하여 흔들리는 일이 없었고 늘 쾌활하였으며 긴 안목을 갖고 세세한 일에까지 조심성 있게 대처해 나갔다. 또한 칭찬과 아첨을 분간할 줄 알았고 자신이 다스리는 로마 제국이 필요로 하는 일이 무엇인가를 항상 주의 깊게 살폈으며 여러 가지 자원을 빈틈없이 관리하고 그로 인해 일어나는 비난의 소리를 감수했다. 미신을 믿지 않았으며 환심을 사기 위해 사람들에게 허리를 굽힌다든지 듣기 좋은 소리를 하지 않고 묵묵히 꾸준히 자신의 길을 걸어갔으며 야한 맛이나 신기한 것들은 결코 추구하지 않았다. 그리고 운명이 가져다준 물질적으로 풍요로움을 아무런 만족이나 가책 없이 받아들였다. 그리하여 그것들이 수중에 있

으면 아무런 거리낌 없이 즐겼으며 수중에 없어도 유감스럽게 생각
하지 않았다.

　그분에게는 궤변가라든지 아첨꾼이라든지 현학자라고 부를 만한
것이 없었다. 모두가 그를 아첨에 귀를 기울이지 않고 자신과 다른 사
람들을 완전히 다스릴 수 있는 성숙하고 완성된 인격체라고 생각했
다. 게다가 그분은 진정한 철학자들을 존경했으며 사이비 철학자들
을 비난하지도 그들에게 현혹되지도 않았다. 교제는 정중하면서도 사
교적이었으며 지나침이 없었다. 건강에 관한 관심은 대단했지만 오
래도록 살고자 하는 간절한 욕망은 없었다. 외모를 멋지게 꾸미려고
하지는 않았지만 소홀하지도 않았다. 스스로 몸을 잘 돌보았기 때문
에 의사의 치료를 받는다거나 약을 먹는다거나 바르는 일은 거의 없
었다. 또한 웅변이나 법률이나 윤리학이나 그 어떤 분야에 뛰어난 재
능이 있는 사람을 시기하지 않고 따랐으며 더욱이 그들이 각자의 분
야에서 명성을 얻을 수 있도록 도와주었다. 그분은 모든 일을 선조들
의 전통에 따라 행동했지만, 남들 앞에서 의도적으로 자랑삼아 그렇
게 하지는 않았다. 불안정함과 변화를 싫어했으며 한곳에 머물거나
한 가지 일에 몰두하는 것을 좋아했다. 극심한 편두통을 앓고 난 후
에도 조금도 지체하지 않고 새로운 활력과 온 힘을 기울여 정상 업무
를 수행했다. 비밀이나 기밀문서가 많지 않았으며 가지고 있는 것들
도 모두 국가의 중대사에 관한 것뿐이었다. 공적인 행사나 공공건물
의 신축, 하사금의 분배 등에도 신중했고 사람들의 갈채보다도 항상
그 일의 필요성 여부를 생각했다. 집무 시간에 목욕하는 일이 없었고

건물을 세우는 일을 좋아하지 않았으며 음식이나 옷감, 주위 사람들의 용모에 대해서는 거의 신경을 쓰지 않았다. 그분의 옷들은 로리움(Lorium)에서 보내온 것이었다. 투스쿨룸(Tusculum)에 있는 세리(稅吏)가 용서를 빌었을 때 그분이 어떻게 했는가는 잘 알려진 일이거니와 그것은 그분의 모든 행동을 단적으로 나타내는 표본이었다. 그분은 거칠지 않았고 냉혹하지도 않았으며 격렬하지도 않았다. 결코 흥분하는 일없이 모든 일을 분석하고 저울질했으며 그에 따라 시간을 할애하여 조용히 질서정연하고 단호하며 끈기 있게 처리했다. 소크라테스에 관해 전해 내려오는 것들은 그분에게도 알맞은 말이다. 즉 대부분의 사람들이 너무도 약하여 자제하지 못하거나 지나치게 빠져 즐길 줄 모르는 쾌락들을 그분은 자제하고 즐길 줄 알았다. 어떠한 때에도 자제할 수 있는 강고함, 인내력, 냉정함은 막시무스(Maximus)가 병석에 누워 있을 때 보여 준 것과 같은 완전 불굴의 정신을 지닌 사람의 특징인 것이다.

17

나는 훌륭한 조부모님과 부모님, 누님, 스승님, 가족, 친척, 친구들, 그리고 거의 모든 것들에 대해 신에게 감사한다. 상대의 기분을 상하게 하기 쉬운 나의 성격에도 불구하고 그들 중 누구와도 불화하지 않고 또 그러한 시험에 들지 않게 해 준 신에게 감사한다. 또한 내가 할아버지의 소실 밑에서 그다지 오랫동안 양육되지 않고 나의 순결을 지킴으로써 성급히 성인이 되지 않고 청년기를 연장할 수 있었음을 신에게 감사한다. 황제이신 아버지 밑에서 모든 허영심을 고치고 호위병이나 화려한 옷, 장식용 등잔이나 조각품들 따위의 외적인 화려함 없이 궁정 생활을 하고 통솔자로서의 위엄과 권위를 잃지 않으면서도 거의 평민 같은 생활 태도를 배울 수 있었음을 하늘에 감사한다. 또한 도덕적인 성품으로 자기 수양을 일깨워 주고 애정과 존경심으로 마음을 따뜻하게 해준 동생[15])이 있고 자식들이 바보나 불구가 아님을 감사한다. 또한 수사학이나 시학 등 시간을 낭비했을지도 모르는 학문에 대한 나의 한계에 감사한다. 만일 그런 학문들이 그다지 어렵지 않았다면 거기에 지나치게 몰두하여 내가 해야 할 일들을 게을리했을 것이다. 또한 스승들이 아직 젊다는 것을 구실로 미루지 않고 그들이 원하는 지위에 일찍 앉혀 드릴 수 있었음을 감사한다. 또한 아폴로니우스(Apollonius), 루스티쿠스(Rusticus), 그리고 막시무스(Maximus)를 알게 된 것을 감사한다. 그리고 자연에 따라 사는 삶의 의미를 분명하게 자주 마음속에 새길 수 있었음을 감사한다. 내가 받은 신의 호의와 도움과 격려는 무조건 그러한 자연생활을 받아들이게 한다. 만일 내가 아직도 그 목표로부터 멀리 떨어져 있다면 그 잘못은 자연생활을 상기시켜 주는 신의 호의와 도움과 격려에 주의를 기울이지 않은 나 자신에게 있는 것이다.

또한 신체적 건강으로 참 오랫동안 이러한 생활을 감당해 낼 수 있

---

15) Lucius Verus. 마르쿠스의 의동생.

는 것을 감사한다. 내가 베네딕타(Benedicta)와 테오도투스(The-odotus)와 성적 관계를 맺은 일이 없고 그 후 욕정에 사로잡혔을 때에도 그것에서 헤어날 수 있었음을, 그리고 때때로 루스티쿠스(Rus-ticus)에게 화를 내긴 했지만 후회해야 할 만큼 지나친 적은 없었음을 감사한다. 그리고 어머니가 젊어서 돌아가실 운명을 타고나긴 했지만 마지막 몇 년 동안 나와 함께 지내실 수 있었음을 감사한다.

또한 가난한 사람들과 곤경에 처한 사람들을 돕고자 할 때마다 도울 수 있는 돈이 나에게 있었으며 나 자신이 남들에게 도움을 청해야 할 처지가 된 적이 없음을 감사한다. 또한 온순하고 사랑스럽고 소박한 여인을 아내로 맞이하고 자식들을 위해 훌륭한 스승들을 모실 수 있었음을 감사한다. 그리고 꿈을 통해 여러 가지 치료법을 계시받고, 특히 카이에타(Caieta)와 크리사(Chrysa)에서 신탁을 통해 각혈과 현기증을 치료할 수 있었음을 신에게 감사한다. 끝으로 내가 철학에 몰두했을 때 소피스트들에게 현혹되거나 논문을 쓰거나 삼단논법을 해결하느라 책상에서 온 시간을 허비하지 않을 수 있었음을, 그리고 자연과학의 문제들에 빠져들지 않았음을 감사한다. 이 모두가 '하늘과 운명의 도움이 필요한 것들'이다.

제2권

1

아침에 일어나면 자신에게 이렇게 말하라.

"오늘 나는 남의 일에 참견하기 좋아하는 사람과 은혜를 모르는 사람, 오만한 사람, 교활한 사람, 속이기 잘하는 사람, 시기심 많은 사람, 이기적인 사람들을 만나게 될 것이다"라고. 그들이 그렇게 행동하는 것은 선이 무엇이며 악이 무엇인지 모르기 때문이다. 그러나 나는 선의 본질은 아름다운 것이고 악의 본질은 추악한 것임을 알고 있으며, 악을 행하는 사람들의 본성도 나의 본성과 같고 그들은 나의 형제(육체적으로 같은 피를 지닌 동족이라는 의미가 아니라 똑같은 이성과 똑같은 신성을 부여받았다는 의미에서다)라는 것을 알고 있다. 그러므로 나는 그들 중 누구에게서도 해를 입을 수가 없으며, 누구도 나를 저열함으로 떨어뜨릴 수 없다. 나는 형제인 그들에게 화를 낼 수 없으며 미워할 수도 없다. 왜냐하면 우리는 두 손처럼, 두 발처럼, 두 눈처럼, 윗니와 아랫니처럼 서로 협력하도록 태어났기 때문이다. 그러므로 서로 반목하는 것은 자연의 섭리에 어긋나는 일이며 어떤 사람에게 화를 내거나 미워하는 것은 그를 반목하는 것이다.

2

내가 어떤 존재이건 약간의 육체, 약간의 호흡, 그리고 모든 것을 지배하는 이성 그것이 나 자신이다. 육체를 경시하라. 그것은 피와 뼈와 그물처럼 얽혀 있는 신경 조직, 그리고 정맥과 동맥에 지나지 않는다. 호흡은 무엇인가? 그것은 바람, 그것도 일정치 않은 바람이며 끊임없이 내뿜고 다시 들이마시는 동작의 반복에 불과하다. 그러나 세 번째 부분인 이성은 모든 것을 지배한다. 당신은 이 이성에 주의를 집중시켜야 한다. 당신의 책들일랑 잊어버리고 더 이상 생각하지 말라. 책들은 애초부터 당신의 일부분이 아니었다. 지금 죽음이 당신 앞에 와 있다고 생각하라. 당신은 늙었다. 이 세 번째 부분을 더 이상 노예 상태로 내버려 두지 말라. 더 이상 이기적 욕망의 끈에 조종되는 꼭두각시 상태로 내버려 두지 말라. 더 이상 당신의 과거와 현재의 운명에 의해 괴로움을 당하는 상태로 내버려 두지 말라. 더 이상 불안한 눈으로 미래를 들여다보지 않도록 하라.

3

신이 하는 일에는 신의 섭리가 가득 담겨 있다. 우연처럼 보이는 일도 자연의 원리나 신의 섭리를 이탈해서 발생하는 것이 아니다. 모든 것이 이 섭리로부터 나오는 것이다. 이와 더불어 필연이라는 것은 질서 정연한 온 우주의 안녕을 위한 것이며 당신 자신도 우주의 일부분이다. 자연에 의해 일어나는 것과 자연을 보전하는 것은 전체를 이루는 모든 부분을 위해 유익한 일이다. 더구나 우주를 보존하는 것은 변화이며 단순한 원소들의 변화뿐 아니라 그것들이 이루는 보다 큰 형성물들의 변화가 우주를 보존하는 것이다. 이러한 생각들은 당신을 만족시켜 줄 것이다. 이를 당신의 신조로 삼으라. 책에 대한 갈망을 버려라. 그리하여 죽음이 당신에게 닥쳐오더라도 불평하지 말고 진심으로 신에게 감사하며 즐거운 마음으로 죽음을 맞이할 수 있도록 하라.

4

당신이 그토록 머뭇거려 온 수많은 세월을 생각해 보라. 신은 당신에게 얼마나 많은 구원의 기회를 주었던가? 그럼에도 당신은 그 기회를 흘려버렸다. 이제 당신은 알아야만 한다. 당신 자신도 그 일부분인 우주의 본질을. 당신 자신도 그 발산물의 하나인 우주의 지배자의 본질을. 이제 한정된 시간이 왔으며, 만일 당신이 그 한정된 시간을 이용하여 밝음 속으로 들어가지 않는다면 시간은 지나가 버리고 당신도 흘러가 버려 더 이상 기회가 오지 않으리라는 것을.

5

로마인으로서 그리고 한 인간으로서 마땅히 그래야 하듯이, 당면한 일을 모든 잡념에서 벗어나 철저하게 참된 위엄과 인정, 독립심과 정의감을 가지고 행하겠다고 굳게 결심하라. 처리하는 일마다 당신의 마지막 일인 것처럼 생각하고 행동한다면, 그리고 헛된 생각과 이성에 어긋나는 모든 감정적 대립, 위선, 이기심, 운명에 대한 불만을 떨쳐버리고 행동한다면 그렇게 할 수 있을 것이다. 평온하고 경건한 생활을 영위하기 위해서 인간이 극복해야 할 일들은 얼마나 적은가. 위에서 말한 몇 가지 일을 지켜 나가는 사람에게는 신도 더 이상 요구하지 않을 것이다.

6

너 자신에게 부끄러워하라. 오, 나의 영혼이여, 너 자신에게 부끄러워하라. 너 자신을 존중할 기회가 얼마 남아 있지 않다. 인간의 생애는 짧다. 네가 너를 존중하지 않고 너의 행복을 다른 사람들의 영혼에 내맡기고 있는 동안 너의 생애는 거의 끝나 버리고 말 것이다.

7

외부의 사물들로 마음이 혼란해지는가? 그렇다면 조용히 시간을 내어 선(善)에 대한 인식을 높이고 방황을 멈추도록 하라. 그러나 또 다른 방황을 하지 않도록 조심하라. 삶에 지쳐 모든 노력과 생각을 지향할 아무런 목표도 갖고 있지 않은 사람들 또한 어리석은 자들이다.

8

다른 사람들의 영혼 속에서 어떠한 일이 일어나고 있는지 알지 못해서 불행해지는 일은 거의 없다. 그러나 자기 영혼의 움직임에 주의를 기울이지 않는 사람은 반드시 불행에 빠지고 만다.

9

우주의 본질은 무엇인가? 나 자신의 본질은 어떤 것인가? 거대한 우주와 그것의 극히 작은 일부분인 나 자신은 서로 어떻게 관련되어 있는가? 이러한 의문들을 항상 마음속에 간직하라. 그리고 당신 자신이 그 일부분을 이루는 자연에 일치하는 말과 행동은 그 누구도 막을 수 없다는 것을 잊지 말라.

10

테오프라투스(Theophratus)[16]는 여러 가지 죄악들을 비교하면서——어느 정도 통속적인 의미에서 누구나 이런 비교를 해볼 수

---

16) 소요학파 철학자(B.C. 371?~B.C. 287?). 아리스토텔레스의 제자이며 후계자.

있지만——욕망 때문에 저지른 죄악은 분노 때문에 저지른 죄악보다 그 죄가 더 무겁다는 철학적 진리를 단언하고 있다. 왜냐하면 화가 난 사람은 이성을 잃은 가운데서도 다소의 고통과 양심의 가책을 느끼지만, 쾌락에 압도당하여 욕망으로 말미암아 죄를 짓는 사람은 그 악행이 더욱 무절제하고 나약하기 때문이다. 그러므로 쾌락을 느끼면서 죄악을 저지르는 자는 고통을 느끼면서 죄악을 저지르는 자보다 더 큰 비난을 받아야 한다는 테오프라투스의 주장은 옳으며 경험과 철학이 모두 그것을 뒷받침하고 있다. 즉 전자는 자신의 욕망에 압도되어 그 욕망을 만족시키려는 열정으로 죄를 자발적으로 지은 것이지만 후자는 악한 일을 당하여 자제력을 잃은 나머지 죄를 지은 것이다.

11

당신이 행동하고 말하고 생각할 때는 지금, 이 순간에도 삶을 떠날 힘이 당신 자기 손에 들어 있음을 항상 기억하라. 만일 신이 존재한다면 인간사회를 떠나는 것은 조금도 두려운 일이 아니다. 왜냐하면 신은 당신을 악(惡)으로 인도하지는 않을 것이기 때문이다. 그러나 신이 존재하지 않거나, 존재한다고 하더라도 인간의 일에 아무런 관심도 없다면 신이나 신의 섭리가 존재하지 않는 이 우주 속에서의 삶이 내게 무슨 의미가 있겠는가? 그러나 신은 분명 존재하며 인간 세계를 다스리고 우리가 절대적인 악에 빠지지 않을 만큼 충분한 능력을 주었다. 만일 인생의 어떤 경험 속에 진정 악이 존재한다고 하더라도 그러한 악에 빠지지 않을 능력을 인간에게 주었을 것이다. 그러니 인간을 나쁘게 만들지 않은 존재가 어떻게 인간의 삶을 나쁘게 만들 수 있겠는가?

우주의 본질은 그러한 위험을 간과해 버릴 만큼, 또 그러한 위험을 알면서도 방치하거나 바로잡지 않을 정도로 무지할 리도 없으며 선한 사람과 악한 사람을 구별하지 않고 멋대로 엄청난 잘못을 저지를 만큼 능력이나 수완이 없을 리도 없다. 실로 삶과 죽음, 명예와 치욕, 고통과 즐거움, 부와 빈곤 등은 그 자체로 선도 아니고 악도 아니다. 그것들은 선한 사람이나 악한 사람 누구에게나 올 수 있는 것이다. 그러므로 그것들은 행복도 아니고 불행도 아니다.

12

우리는 만물이——공간 세계에서는 물(物) 그 자체가, 시간 세계에서는 그에 대한 기억이——얼마나 빨리 사라져 버리는가를 알아야 한다. 더불어 모든 감각적인 것들, 특히 쾌락으로 우리를 유혹하는 것들, 고통으로 우리를 위협하는 것들, 허영으로 우리를 부추기는 것들의 본질을 이해해야 한다. 이러한 것들은 얼마나 하찮으며, 얼마나 경멸스러우며, 얼마나 천박하며, 얼마나 빨리 시들어 생명력을 잃고 마는가. 이러한 사실에 정신적 기능을 집중시켜야 한다. 말과 의견으로 명성을 얻은 사람들의 참된 가치를 이해해야 한다.

또한 죽음의 본질을 이해해야 한다. 죽음을 차근차근 파고들며 생각하고 죽음에 달라붙어 있는 환상들을 이성으로써 분석해 나가면 죽음은 자연의 한 과정에 지나지 않는다는 것을——자연의 과정을 두려워하는 것은 어린애들이나 하는 짓이다——아니, 단순한 자연의 과정이라기보다는 오히려 자연의 안녕을 위한 적극적인 공헌이라는 것을 알 수 있다. 또한 자신이 신과 어떻게 접촉하고 있으며 자신의 어느 부분으로 그 접촉이 유지되고 있는지, 그리고 그 부분이 이 세상에서 사라지면 어떻게 되는지를 알 수 있다.

13

어떤 시인의 말처럼 '땅속 깊숙이 파고 들어 가며 샅샅이 조사한다'든지 항상 다른 사람들이 어떻게 느끼고 무엇을 생각하고 있는지를 살피며 모든 것을 이해하려고 하는 사람보다 더 가련한 사람은 없다. 그런 사람은 자신의 내부에 있는 성스러운 영혼에 관심을 두고 그 영혼을 충실히 섬기는 일이 자기에게 필요한 전부라는 사실을 깨닫지 못하고 있다. 자신의 내부에 있는 성스러운 영혼을 충실하게 섬긴다는 것은 격정과 방황, 신이나 인간의 행위에 대한 불만으로부터 영혼을 보호하여 순수한 상태 그대로 지켜나가는 것이다. 신에게서 오는 것은 그 우월성으로 인해 존중되어야 하며, 인간에게서 오는 것은 흑백을 구별하지 못하고 선악에 대해 무지한 데 말미암은 것으로 유감스러운 때도 있으나 우리의 형제이기에 호의적으로 받아들여야 한다.

14

3천 년, 아니 3만 년을 산다고 하더라도 잃을 수 있는 것은 오직 당신이 영위하고 있는 이 순간의 삶뿐이며, 소유할 수 있는 것 또한 당신이 잃고 있는 이 순간의 삶뿐임을 명심하라. 이 말은 긴 삶이든 짧은 삶이든 결국은 같다는 것을 의미한다. 현재라는 이 순간은 모든 사람이 똑같이 소유하고 있지만 일단 지나가 버린 과거는 이미 우리의 것이 아니기 때문이다. 그러므로 우리가 잃는 것은 재빨리 지나고 있는 이 순간뿐이다. 이미 지나가 버린 과거를 누가 잃을 수 있으며, 아직 오지 않은 미래를 누가 잃을 수 있겠는가? 소유하고 있지 않은 것을 어떻게 잃을 수 있겠는가? 그러므로 두 가지 사실을 항상 명심하라. 첫째, 만물은 태초부터 똑같은 순환을 반복해 왔으므로 당신이 그 똑같은 광경을 1백 년 동안 지켜보든, 2백 년 동안 지켜보든, 아니면 영원히 지켜보든 아무런 차이도 없는 것이다. 둘째, 가장 오랫동안 산 사람이 잃는 것과 가장 짧은 기간 동안 산 사람이 잃는 것은 죽음에 이르러서는 같다. 인간이 소유한 것은 현재뿐이므로 잃을 수 있는 것은 오직 현재 이 순간뿐이고 소유하고 있지 않은 것을 잃을 수는 없기 때문이다.

15

‘모든 것의 가치는 그것에 대한 견해에 따라 결정된다’라는 견유학파 모니무스(Monimus)[17]의 말에는 분명 반박의 여지가 있다. 그러나 이 말이 진리를 내포하고 있는 한 핵심적인 의미를 받아들인다면 그의 경구(警句)가 가치가 있다는 것 또한 분명하다.

16

인간의 영혼은 그것이 우주의 종양이나 혹일 때 자기 자신을 가장 더럽힌다. 어떤 사물에 대해 불만을 품는 것은 그 사물의 본질과 모든 개별적인 부분들의 본질을 내포하고 있는 자연에 대해 반항하는 것이기 때문이다. 둘째로 인간의 영혼이 자기 자신을 더럽히는 경우는 화난 사람들의 영혼이 그렇듯 어떤 사람에게 등을 돌리거나 악의를 품고 대항할 때이다. 셋째는 영혼이 쾌락이나 고통에 사로잡혀 있을 때이며, 넷째는 거짓되거나 위선적인 말과 행동을 할 때이며, 다섯째는 영혼이 어떤 목표를 향해 노력하거나 행동하지 않고 아무런 목적도 없이 자신의 힘을 마구 낭비할 때이다. 아무리 사소한 행위라 하더라도 어떤 목표를 지향해야 하며 이성을 지닌 인간이 지향해야 할 목표는 우주와 자연의 이성과 법칙에 따르는 것이다.

---

17) 디오게네스의 제자.

17

인간이 살면서 존재하는 시간은 한 점에 불과하며, 그의 존재는 하나의 흐름이며, 감각은 희미한 불빛이며, 육체는 벌레들의 먹이이며, 영혼은 불안한 회오리바람이며, 앞날은 어두워 예측할 수 없으며, 명성은 미덥지 못하다. 즉 육체적인 것들은 모두 흘러가는 물과 같고, 영적인 것들은 모두 꿈과같이 공허하다. 인생은 투쟁이며 낯선 땅에서의 체류이며 사후의 명성은 망각에 지나지 않는다.

그렇다면 우리의 발걸음을 안내해 주고 지켜 주는 힘을 어디서 찾아야 하는가? 그것은 오직 하나 바로 철학이다. 철학은 우리의 영혼이 더러워지거나 상하지 않도록 보호해 준다. 철학은 쾌락이나 고통보다 강하고 결코 목적 없이 행동하거나 위선적으로 행동하지 않으며 다른 사람들의 행위나 무위(無爲)에 개의치 않고 자기에게 일어나거나 주어진 모든 일을 자신의 근원으로부터 오는 것으로 받아들이며 죽음을 단지 그 생명체를 이루고 있는 원소들의 분해에 지나지 않는다고 생각함으로써 언제나 만족스러운 마음으로 죽음을 기다린다. 원소들 자신이 원소들의 끊임없는 결합과 재결합으로 인해 아무런 해도 입지 않는다면 어찌하여 만물의 변화와 분해를 의구에 찬 눈으로 바라보아야 하는가? 죽음은 자연에 합치되는 일이며 자연에 합치되는 일의 악이란 있을 수 없는 것이다.

제3권

1

우리의 생명이 나날이 소모되어 감에 따라 남아 있는 날이 점점 줄어든다고만 생각해서는 안 된다. 어떤 사람의 생명이 연장된다 하더라도 신과 인간에 관한 일들을 이해하기 위해, 필요한 사색 능력이나 사물에 대한 이해 능력을 여전히 지니고 있을지는 의심스럽기 때문이다. 노망이 시작되는 경우 호흡이나 소화 능력, 감각이나 충동 등은 조금도 줄어들지 않지만, 자신의 재능을 충분히 활용한다든지, 의무를 뚜렷이 인식한다든지, 발생하는 일들을 분석한다든지, 지상에서의 삶을 끝내야 할 때가 왔는지를 지각한다든지, 수련(修鍊)된 사고가 있어야 하는 일들을 결정한다든지 하는 능력은 이미 약해진 것이다. 그러므로 서두르지 않으면 안 된다. 시시각각 죽음이 다가오고 있기 때문만이 아니라 사물에 대한 우리의 이해 능력과 통찰 능력이 먼저 쇠퇴해 버리기 때문이다.

2

또한 자연 현상에 따라 일어나는 결과에도 아름다움과 매력이 있음을 알아야 한다. 예를 들면 빵을 구울 때 군데군데 터지는 부분이 생기는데 이런 균열은 빵을 굽는 사람이 의도적으로 만든 것은 아니지만 그 나름대로 독특한 멋을 지니고 있어 먹고 싶은 충동을 일으킨다. 또 무화과 열매는 무르익으면 활짝 벌어지며 올리브 열매는 무르익어 썩기 직전의 상태로 가지에 대롱대롱 매달려 있을 때 그 아름다움이 더하다. 또 알알이 영글어 거의 땅에 닿을 정도로 고개를 숙이고 있는 수수 이삭, 성난 사자의 이마에 잡힌 주름, 멧돼지의 입에서 내뿜는 거품, 그밖에 이와 같은 많은 것들은 그 자체만을 따로 떼어 바라본다면 조금도 아름답지 않을 것이다. 그러나 그러한 것들은 자연 현상의 결과이기 때문에 훨씬 더 아름답게 보이며 우리를 매혹하는 것이다. 그러므로 모든 자연 현상에 대한 깊은 감지력과 이해력을 갖고 있는 사람에게는 자연 현상의 거의 모든 부수적인 것들까지도 가외의 즐거움을 더해 주는 것처럼 보인다. 그러한 사람은 으르렁거리고 있는 진짜 사자나 호랑이의 입을 보면서도 마치 그림이나 조각품을 대하듯이 감탄하며 감상할 것이다. 또한 그러한 사람은 분별력 있는 눈으로 노인들——남자이건, 여자이건——에게 완숙미와 신선미를 볼 수 있을 것이며, 젊은 몸종들의 아름다움을 욕정이 깃들지 않은 눈으로 바라볼 수 있을 것이다.

 이러한 일들이 모든 사람에게 일어나는 것은 아니다. 그것은 오직 자연과 자연의 현상에 진정으로 친밀해진 사람들에게만 일어난다.

---

18) B.C. 460~B.C 355. 코스섬에서 출생한 그리스 최고의 의학자. '인생은 짧고 예술은 길다'라는 명언을 남김. 의학의 아버지라고 불리며 '히포크라테스의 선서'는 너무도 유명하다.

3

히포크라테스[18]는 많은 사람의 질병을 고쳐 주었지만, 그 자신은 병들어 죽었다. 칼데아의 점성가들은 많은 사람들의 죽음을 예언했지만 운명은 그들 또한 죽음으로 이끌었다. 알렉산더, 폼페이우스, 줄리우스 시저는 여러 번에 걸쳐 모든 도시 국가를 함락하고 전투에서 수많은 기병과 보병들을 죽였지만 결국은 그들 자신도 죽고 말았다. 자연철학자 헤라클레이토스[19]는 불에 의한 우주의 소멸에 대해 깊이 생각했으나 그의 몸속을 가득 채운 것은 물이었으며(수종증을 의미함) 똥물에 빠져 죽었다. 데모크레이토스[20]는 이[虱]에 의해 죽었으며 소크라테스는 다른 해충[21]에 의해 죽었다. 이러한 사실들은 무엇을 의미하는가? 그 의미하는 바는 이것이다. 당신은 배를 타고 있다. 당신은 항해하고 있다. 그리고 항구에 도착했다. 자, 상륙하라. 다른 삶을 향해 항해하겠다고? 그러나 신을 벗어날 수 있는 곳은 아무 데도 없다. 피안조차도. 무감각의 세계를 향해 항해하겠다고? 만일 무감각의 세계로 들어간다면 당신은 쾌락과 고통에서 벗어날 것이며 당신이 타고 온 배인 육체의 노예 상태로부터 풀려날 것이다. 노예가 그 주인보다 훨씬 우월하다. 왜냐하면 전자는 정신이며 신성임에 반해 후자는 흙이며 핏덩어리에 지나

---

19) B.C 540~B.C 475. 이오니아의 철학자로서 '만물은 유전한다'라고 가르쳤으며 만물의 기원은 불에 있다고 말했다. 스토아 철학의 물리학적 사상의 일부는 그의 학설에 근거를 둔 것이다.
20) B.C 460?~B.C. 360? 히포크라테스와 같은 시대의 사람. 우주는 무한한 원자들의 무한히 다양한 결합으로 의해 형성되었다고 주장함.
21) 밀고자들.

지 않기 때문이다.

4

서로에게 이익이 되는 일이 아니라면 다른 사람의 일로 당신의 남은 삶을 낭비하지 말라. 다른 사람이 무슨 말을 하고 왜 그런 말을 하는지, 다른 사람이 무슨 생각을 하고 있으며 왜 그런 생각을 하는지, 다른 사람이 무엇을 계획하고 있으며 왜 그런 계획을 하는지 따위의 생각에 골몰하는 것은 당신 내부의 지배자인 이성을 주시할 기회와 다른 일을 할 기회를 빼앗기는 것을 의미한다. 당신의 마음이 공허한 생각과 망상, 특히 남의 일에 대한 간섭과 악의로 흘러가지 않도록 조심하라. 그리하여 어떤 사람이 갑자기 "당신은 지금 무엇을 생각하고 있는가?"라고 묻더라도 항상 솔직하게 거리낌 없이 "나는 이러이러한 것을 생각하고 있다"고 대답할 수 있도록 하라. 사회적 존재로서 마땅히 그래야 하듯이 당신 내부의 모든 생각들이 순수하고 꾸밈없는, 즉 드러나면 얼굴이 붉어질 마음속 쾌락, 관능적 쾌감, 적대적 감정, 질투, 의심 따위 감정이 전혀 깃들어 있지 않은 것임을 증명해 줄 수 있는 대답.

최선의 것들을 열망하는 데 주저하지 않는 사람이야말로 진정한 성직자이며 신의 종이다. 그는 자신 내부에 확립된 정신과 올바른 관계를 유지하고 있으며 바로 이러한 관계 때문에 그는 쾌락으로 타락하지 않는 사람, 고통으로 상처받지 않는 사람, 모욕으로 마음이 흔들리지 않는 사람, 악에 물들지 않는 사람이 되는 것이다. 그리하여 그는 어떠한 격정에도 압도되지 않으며, 정의에 깊이 뿌리박고 있으며, 자신의 운명과 처지를 온 영혼으로 받아들이며, 상호 간의 이익을 위한 일이 아니면 다른 사람이 무슨 말을 하는지, 무엇을 생각하는지, 어떤 행동을 하는지 생각하지 않는다. 그는 언제나 자연으로부터 나누어 받은 자신의 운명과 자기 일에만 전념한다. 그의 행동은 아름다우며, 자신의 운명을 훌륭한 것이라고 확신하고 있다. 누구나 자기에게 주어진 운명을 짊어지고 나아가며, 또한 정해진 운명이 그를 이끌고 간다. 그는 이성을 부여받은 존재는 모두 동족이며, 따라서 모든 사람을 사랑하는 것은 인간의 본성에 따르는 일이라고 생각한다. 또한 그는 세론(世論)에 동요해서는 안 되며 오직 자연의 섭리로 살아가는 사람들의 견해에 따라야 한다는 것을 알고 있다. 그는 자연의 섭리로 살아가지 않는 사람들에 대해서는 그들이 집에서는 어떤 사람이고 밖에서는 어떤 사람인지, 낮에는 어떤 사람이고 밤에는 어떤 사람인지, 그리고 어떤 사람들과 교제하고 있는지를 늘 염두에 두고 있다. 그는 이러한 사람들의 칭찬을 무가치한 것으로 생각한다. 왜냐하면 그들은 자기 자신에게도 불만을 품고 있는 자들이기 때문이다.

5

마지못해하거나, 이기심을 품고 있거나, 비판적인 정신없이 무턱

대고 하거나, 격한 감정에 지배되어 행동하지 말라. 행동의 동기를 아름답게 꾸미지 말라. 말을 지나치게 많이 하거나 남의 일에 간섭하지 말라. 당신 내부의 신이 남자다운 인간, 성숙한 인간, 정치인이자 로마인이며 통치자인 한 인간의 주재자——언제라도 기꺼이 죽음을 맞이할 준비를 갖추고 퇴각 신호를 기다리며 자신의 위치를 고수하는 전쟁터의 병사와 같은 한 인간의 주재자, 자신이나 다른 사람들의 맹세와 증언을 필요로 하지 않는 한 인간의 주재자——가 되게 하라. 당신 내부의 신을 쾌활하면서도 외부의 어떠한 도움과 위안도 필요로 하지 않는 존재가 되게 하라. 인간은 남에 의해 세워져서는 안 되며 스스로 똑바로 서야 하는 것이다.

6

당신이 인생에서 정의, 진리, 자제, 용기보다 더 훌륭한 것을 발견할 수 있다면——이성의 법칙에 따른 확고한 행동에서 오는 마음의 평화와 할당되어 선택의 여지가 없는 당신의 운명에 대한 만족에서 오는 마음의 평화보다 더 훌륭한 것을 발견할 수 있다면—— 다시 말해 보다 높은 어떤 이상을 발견할 수 있다면 영혼을 다하여 당신이 발견한 그 최선의 것을 따르고 그것을 즐겨라. 그러나 당신의 내부에 확립된 신성한 영혼보다 더 훌륭한 것이 발견되지 않는다면——즉 개인적인 충동을 제어하며 생각을 자세히 검토하고(소크라테스가 말한 것처럼), 감각적인 유혹을 뿌리치고 신에게 충성을 맹세하고 인간에게 연민을 맹세하는 신성한 영혼보다 더 훌륭한 것을 발견하지 못한다면——그리하여 이 신성한 영혼보다 더 고귀하고 가치 있는 것은 없다는 것을 알게 되었다면 마음속에 그 어떤 것도 파고들 여유를 남겨 두지 말라. 일단 그 밖의 어떤 것에 마음을 기울이게 되면 당신 고유의 선(善)을 섬기는 데 심한 정신적 갈등을 느끼게 될 것이기 때문이다.

이성에 속하지 않는 것, 공공의 이익에 속하지 않는 것은 비록 그것이 아무리 사람들의 찬양을 받고 권력과 부와 쾌락을 가져다준다 하더라도 결코 선이라고 할 수 없다. 그러한 것들은 일시적으로는 훌륭한 삶처럼 보인다고 하더라도 곧 인간을 전복시켜 길을 잃게 한다. 그러므로 스스로 최선의 것을 선택하여 오로지 그것을 향해 나아가라. 당신은 "나 자신을 위해 가장 이익이 되는 것이 최선의 것이다"라고 말하는가? 만일 그것이 이성적 존재로서의 당신에게 최선의 것이라면 그것에 집착하라. 그러나 동물적 존재로서의 당신에게 최선의 것이라면 솔직하게 그렇다고 인정하고 겸손한 마음으로 당신의 판단을 고수하라. 다만 그 문제에 대한 당신의 검토가 올바르게 행해져야 함을 잊지 말라.

7

신용을 떨어뜨리고, 자존심을 잃게 하고, 다른 사람을 증오하고 의심하고 저주하게 하고, 자신을 위장하며 남에게 발각되지 않도록 휘장을 쳐야 하는 욕망을 갖게 하는 것들로부터 얻어지는 이익들을 자신에게 유익한 것으로 평가하지 말라. 자기 내부의 이성과 영혼 그리고 이들의 우월성을 믿어 신봉하기를 택한 사람은 위장하거나 불평하지 않으며 고독도 군중도 필요로 하지 않는다. 그리고 무엇보다도 그는 무엇을 추구하거나 회피하는 삶을 영위하지 않는다. 또한 자기 영혼이 육체에 얼마나 오랫동안 머물게 될 것인가는 전혀 문제가 되지 않는다. 그 순간이 온다고 하더라도 그는 일상적인 일을 하듯 태연하고 경건하게 죽음을 맞이할 것이다. 일생을 통해 그가 염원하는 것은 오직 그의 마음이 이성적 존재, 사회적 존재로서 가야 할 길에서 벗어나 다른 길로 들어서지 않도록 하는 것뿐이다.

8

수양 되고 정화된 마음속에는 섞이거나 더러워지거나 곪은 상처의 흔적이 없다. 그런 사람에게는 어떤 비극배우가 연극이 끝나기도 전에 또는 자기 역할을 마치기도 전에 무대를 떠나게 되는 것처럼 죽음이 그에게서 미완(未完)의 생을 빼앗아 가는 일은 절대 없다. 그뿐만 아니라 그에게는 비굴함이나 오만함도 없으며 다른 사람에 대한 추종이나 배타심도 없다. 그에게는 비난받을 만한 행위나 숨기고 있는 것이 아무것도 없다.

9

당신의 사고 능력을 존중하라. 내면의 키잡이가 자연과 이성적 존재의 본질과 충돌하지 않고 항해해 가도록 하는 것이 바로 이 사고 능력이다. 또한 당신은 이 사고 능력에 의해 오류에 빠지지 않고 동료들과 훌륭한 인간관계를 유지하며 신의 뜻에 어긋나지 않을 수 있는 것이다.

10

다른 모든 것은 버리고 다음 몇 가지 진리에만 집착하라. 인간은 현재, 즉 바로 이 순간에만 살고 있다는 사실을 명심하라. 그 밖의 삶은 이미 지나가 버린 것이거나 불확실한 미래의 것일 뿐이다. 인간은 그 누리는 삶의 순간이 극히 짧으며 그가 생활하는 장소 또한 지구의 극히 작은 부분에 지나지 않는 보잘것없는 존재이다. 아무리 훌륭한 명성이라도 그것은 하찮은 것이다. 사후의 명성은 태어났다가는 이내 사라져 버리는 하찮은 존재들의 계승에 달려 있으며 자기 자신조차 모르는 그들이 오랜 옛날에 죽은 사람을 기억할 리가 없기 때문이다.

11

앞의 금언에 한 가지 더 첨가해야겠다. 당신의 생각 속의 무엇인가가 떠오를 때마다 항상 그 대상의 근원적인 본질, 즉 모든 부수적인 속성들이 제거된 참모습을 파악할 수 있도록 당신 자신에게 그 대상에 대해 정의를 내리거나 적어도 그 대상에 대해 자세하게 설명해 주도록 하라. 그러면 그 대상 자체와 그것을 이루고 있는 요소들, 즉 그 대상이 분해되면 다시 그것으로 환원되는 각각의 요소들을 분명히 파악할 수 있을 것이다.

인생에서 만나게 되는 모든 것들 하나하나에 대해 조직적으로 정확하게 검토할 수 있는 이 능력만큼 마음을 고결하게 해주는 것은 없다. 즉 그 대상이 우주에 대해 어떤 가치를 지니고 있는지, 전체에 대해서는 어떤 가치를 지니고 있는지, 그 구성원으로서의 인간——마치 최대 도시를 이루는 다른 도시들은 그 도시에 비하면 한 채의 가옥에 지나지 않는 그런 최대 도시의 시민으로서의 인간——에 대해서는 어떤 가치를 지니고 있는지를 이해하는 능력만큼 우리의 마음을 고결하게 해 주는 것은 없다. 예를 들어 지금, 이 순간에 내게 인상을 주는 어떤 대상이 있다고 하자. 그것은 어떤 것인가, 또 어떤 요소들로 구성되어 있는가, 얼마나 오랫동안 지속될 것이며 그것을 다루는 데 나는 어떠한 덕을 지녀야 하는가?——온유함인가, 용기인가, 솔직함인가, 믿음인가, 충성인가, 성실함인가, 자족함인가, 아니면 그 밖의 다른 미덕인가? 어떠한 경우라도 우리는 "이것은 신에게서 온 것이다"라거나 "이것은 운명이 내게 준 것으로 복잡한 거미줄의 한 가닥이며 우연의 결합이다"라거나, 아니면 "이것은 자연의 섭리에 따르는 것이 무엇인지 알지 못하는 나의 동족, 친족, 형제인 어떤 사람으로부터 온 것이지만 나는 자연의 섭리를 알고 있으므로 형제애라는 자연의 법칙에 따라 친절하고 공정하게 그를 대한다. 그러나 선악의 문제가 내재하여 있지 않은 일들에 대해서는 각각의 가치에 상응하는 응보를 향해 나의 화살을 겨눈다"라고 말해야 한다.

12

눈앞에 있는 일들을 이성의 법칙에 따라 열성을 갖고 활기차게 인간애를 갖고 수행한다면, 당신 내부의 영혼을 언제라도 되돌려 줄 수 있도록 혼란하지 않고 순수한 상태로 보존한다면——그리하여 아무것도 기대하거나 회피하지 않고, 행동하는 데 자연의 섭리와 일치를 추구하고, 말하는 데 두려움 없이 진실함을 추구한다면 당신은 훌륭한 삶을 영위하게 될 것이며 그 누구도 당신을 저지하지 못할 것이다.

13

의사들이 갑작스러운 환자의 치료에 대비하여 기구와 메스를 늘 곁에 두듯이 신적인 것과 인간적인 것 양쪽을 모두 이해할 수 있도록 당신의 원칙들을 항상 간직하고 있어야 한다. 그리하여 극히 사소한 행위라도 신과 인간이 얼마나 긴밀하게 결합하여 있는가를 한

시라도 잊지 말아야 한다. 인간적인 것은 신적인 것을 떠나서는 올바로 행해질 수 없으며, 신적인 것 또한 인간적인 것을 떠나서는 올바로 행해질 수 없기 때문이다.

14

더는 방황하지 말라. 이제 당신은 이 단장(斷章)들과 고대 로마인이나 그리스인의 언행록과 자신의 노후를 위해 기록해 두었던 발췌록을 읽을 기회가 없을 것이다. 그러므로 허황한 소망을 버리고 최후의 목적을 향해 서둘러라. 조금이라도 자신을 존중한다면 할 수 있는 동안 자신을 구원하라.

15

사람들은 '도둑질'이라든가 '씨 뿌리기', '물건 사기', '침묵을 지키기', '무엇을 해야 하는가를 찾기' 같은 말이 의미하는 바를 충분히 이해하지 못한다. 그 의미는 눈으로 볼 수 있는 것이 아니라 어떤 다른 통찰력으로 감지해야 하는 것이다.

16

육체, 영혼, 이성——육체에는 감각이, 영혼에는 행동의 원천이, 이성에는 원칙이 있다. 그런데 육체를 통해 감각을 느끼는 능력은 우리에 갇힌 가축에게도 있으며, 충동에 대한 복종은 야생 동물이나 매춘부, 팔라리스(Phalaris)[22]나 네로(Nero) 같은 자들도 느끼며, 자신의 의무로 여기는 일에 대한 이성의 지시는 신을 믿지 않는 자, 조국을 배반하는 자, 문을 걸어 잠그고 그 안에서 죄악을 범하는 자조차도 느낀다. 그 밖의 모든 것들이 이러한 자들의 공통된 유산임을 고려할 때 선인(善人)의 특성으로 남게 되는 것은 이것뿐이다. 즉 일어나는 온갖 일과 운명이 가져오는 모든 것을 기꺼이 받아들이고 사랑하며, 내부의 신성(神性)을 무질서한 상념과 생각들로 더럽히거나 어지럽히지 않고 순결하게 보존하여 설사 세상 사람 모두가 그의 말 속에 담겨 있는 진리와 행동 속에 담겨 있는 정의를 믿지 않는다 하더라도 진리만을 말하고 정의만을 행하며 겸손하게 자신 내부의 신성에 따른다는 바로 그것이다. 그가 소박하고 훌륭하고 행복한 삶을 살아가고 있다는 것을 모든 사람이 믿지 않는다 하더라도 그는 아무에게도 화를 내지 않고, 삶이 다할 때까지 조금도 흔들림 없이 자기의 길을 걸어갈 것이다. 순결과 평화 속에서 삶에 집착하지 않고 운명의 지시에 따르면서.

---

22) B.C. 6세기경의 Sicily의 폭군.

제4권

1

우리를 지배하는 내부의 힘이 자연에 일치한다면 그 힘은 환경이
제공하는 가능성과 기회에 대해 항상 자신을 기꺼이 적응시키려 할
것이다. 그 힘은 어떤 특수한 환경에도 영향을 받지 않으며 자신의
목적을 향해 나아감에 있어서 타협적이다. 그것은 마치 불이 자기
위를 덮치는 것들을 태워 버리듯이 전진에 방해가 되는 모든 것들
을 자기를 위한 것들로 바꾸어 버린다. 약한 불이라면 자기를 덮치
는 것들에 의해 꺼지겠지만 강한 불은 자기에게 덮쳐오는 것은 무
엇이건 재빨리 휘어잡아 태워 버리고는 오히려 그 장애물로 인해 더
욱더 높이 솟구치는 것이다.

2

어떠한 일도 함부로 처리하지 말라. 그 실행을 완벽하게 해주는
원칙에 따라 처리하라.

3

사람들은 시골이나 바닷가 또는 산속에서 은거할 곳을 찾는다. 당

신도 그러한 은신처를 갈망할 것이다. 그러나 그러한 꿈은 철학자에겐 전혀 무가치한 것이다. 왜냐하면 언제라도 당신은 자신의 내부에서 은신처를 발견할 수 있기 때문이다. 자기 자신의 영혼보다 더 조용하고 안락한 은신처는 아무 데도 없다. 특히 잠깐의 명상만으로 자신의 내부에 곧바로 완전한 평안——여기서 평안은 잘 정돈된 마음의 상태를 의미한다——을 얻을 수 있는 사람들의 경우는 더욱 그러하다. 이렇게 은거함으로써 끊임없이 당신 자신을 새롭게 하라. 삶의 원칙에 간결하면서도 근본적인 것들을 담아라. 그 원칙으로 되돌아가면 모든 괴로움이 사라지고 마땅한 의무에 유쾌한 마음으로 돌아올 수 있을 것이다.

당신을 괴롭히고 있는 것은 도대체 무엇인가? 인간의 사악함인가? 그렇다면 모든 이성적 존재는 서로를 위해 창조되었고 인내는 정의의 일부분이며 인간은 의도적으로 죄악을 범하지 않는다는 원칙을 상기하라. 또한 적의와 의혹과 증오심을 품고 서로 다투었던 수많은 사람이 지금은 무덤 속에 누워 있거나 썩어서 먼지와 재로 변해 버렸음을 상기하고 더 이상 괴로워하지 말라. 우주로부터 주어진 운명이 괴로운가? 그렇다면 소위 '섭리냐? 아니면 원자냐?'[23] 하는 양자택일의 문제와 우주는 마치 하나의 도시와 같다는 증거가 얼마나 많은가를 상기하라.

---

23) 우주는 마르쿠스와 스토아학파들이 믿었던 것처럼 이성과 신의 섭리로 지배되는가, 아니면 에피쿠로스학파들이 생각했던 것처럼 원자들의 기계적 결합인가.

육체의 질병이 당신을 괴롭히는가? 그렇다면 정신이 일단 육체에서 분리되어 자기 능력을 이해하게 되면 동물적 삶의 행위인 호흡운동——그 호흡운동이 부드럽든 거칠든 간에——과는 아무런 관계도 없다는 것을 상기하라. 또한 이제까지 배우고 인정해 온 고통과 쾌락에 대한 모든 것들을 상기하라.

물거품 같은 명성에 대한 욕망이 당신을 괴롭히는가? 그렇다면 무한한 시간의 혼돈 속에서 모든 것들이 얼마나 빨리 망각 속으로 사라지고 있는가를 상기하라. 또 요란한 박수갈채가 얼마나 공허한지, 당신을 찬양하는 듯 보이는 사람들이 얼마나 변덕스럽고 무분별한지, 인간의 명성이 차지하는 범위가 얼마나 협소한지를 보라. 지구는 우주 속의 한 점에 불과하며, 당신이 살고 있는 장소는 그 점 가운데서도 극히 작은 부분에 지나지 않는다. 더구나 그 속에서 장차 당신을 찬양하게 될 사람이 많다 한들 얼마나 많겠으며, 또 그들은 어떤 부류의 인간들이겠는가?

자, 이제 당신 내면의 작은 장소에 은거하라. 우선 마음의 갈등과 긴장에서 벗어나 자기의 주인이 돼라. 그리하여 한 남자로서, 한 인간으로서, 한 시민으로서, 하나의 유한한 생명체로서 삶을 바라보라. 많은 진리 가운데 가장 자주 상기해야 할 진리가 두 가지 있다. 첫째, 외부의 사물들은 당신의 영혼에 아무런 영향도 주지 않고 그대로 존재하고 있으며, 따라서 혼란을 일으키는 것은 오직 당신 내부의 생각뿐이라는 사실이다. 둘째, 눈에 보이는 모든 사물은 순식간에 변하고 사라져 더 이상 존재하지 않게 된다는 사실이다. 당신 자신도 그 일부로서 끊임없이 변하고 있다는 것을 항상 명심하라. 우주는 곧 변화이며 당신이 이해하는 바로 그것이다.

4

사고 능력이 인간에게 공통된 것이라면 우리를 이성적 존재로 만드는 이성 또한 인간에게 공통된 것이며 '해야 한다'라거나 '해서는 안 된다'라고 명령하는 실제적인 이성 또한 인간에게 공통된 것이다. 바꿔 말하면 인간은 모두 동료 시민이 공통된 시민권을 갖고 있으며, 따라서 우주는 하나의 도시인 것이다. 모든 인간이 함께 주장할 수 있는 공통된 시민권이 달리 또 있겠는가? 인간의 정신과 이성과 법률은 바로 이 세계 국가로부터 나오는 것이다. 만일 그렇지 않다면 어디서 나오는 것이겠는가? 내 몸의 흙으로 된 부분이 지구 어딘가의 흙으로부터 나온 것처럼, 내 몸의 물로 된 부분이 어떤 다른 요소로부터 나온 것처럼, 나의 숨결이 어떤 다른 근원으로부터 나온 것처럼, 나의 뜨겁고 격렬한 부분이 그 나름의 어떤 다른 근원으로부터 나온 것처럼——왜냐하면 무(無)로부터 생겨나는 것은 아무것도 없으며, 무로 돌아가는 것도 있을 수 없기 때문이다——우리의 이성 또한 어딘가에 그 근원을 갖고 있음이 분명하다.

5

출생과 마찬가지로 죽음 또한 자연의 신비이다. 출생은 원소들의 결합이며 죽음은 바로 원소들의 분해이다. 어떤 경우에도 죽음은 수치스러운 것이 아니다. 죽음은 이성적 존재로서의 인간의 본질에 어긋나는 것이 아니며 육체 구성의 논리에도 어긋나는 것이 아니기 때문이다.

6

어떤 유형의 사람들은 본성의 요구에 따라 그들 방식대로 행동한다. 그들이 그렇게 행동하지 않기를 바라는 것은 무화과나무에 신맛 나는 열매가 열리지 않기를 바라는 것과 같다. 아무튼 머지않아 당신과 그는 죽을 것이며 당신의 이름조차도 곧 잊힐 것이라는 사실을 기억하라.

7

'나는 피해를 봤다'라는 생각을 제거하라. 그러면 피해 의식도 사라질 것이다. 피해 의식을 제거하라. 그러면 피해 그 자체도 사라질 것이다.

8

인간 자체를 타락시키지 않는 것은 인간의 삶을 타락시키지 않으며 외적으로 내적으로 인간에게 해를 입히지 않는다.

9

모두에게 유익한 것의 본질은 필연적으로 그 일을 일으킨다.

10

'발생하는 모든 일은 마땅히 발생하는 것이다.' 이 말을 깊이 생각해 보라. 그러면 그 말이 사실임을 알게 될 것이다. 연속된 사건에는 인과관계만 존재하는 것이 아니라, 모든 사건에 각각의 당위성을 부여하는 자에게서 나온 정당하고 적절한 질서 또한 존재하는 것이다. 그러므로 처음에 관찰하던 태도로 줄곧 주의를 기울여라. 그리하여 모든 행동을 선의로써 행하라——진정한 의미의 선의로써. 행동할 때마다 이 점에 유의하라.

11

오만한 자들의 견해에 따르거나 그것에 휘둘리지 말라. 있는 그대로 사물을 보라.

12

다음 두 가지를 염두에 두라. 첫째, 우리들의 왕이며 입법자인 이성이 인류의 이익을 위해 제안하는 것만을 행하라. 둘째, 어떤 사람이 당신의 잘못을 지적하거나 판단의 오류를 깨닫게 해 줄 때는 그 결정을 재고해 보라. 그러나 결정의 변경은 정의와 공익을 위한 것이라는 확신으로부터 나와야 한다. 그리고 그 선택이 자연의 본질에 부합되는 것이어야 한다. 쾌락과 명성을 꾀하여 선택해서는 안 된다.

13

"당신은 이성을 가지고 있는가?"

"그렇다."

"그렇다면 왜 그것을 사용하지 않는가? 이성이 그 기능을 완전히 수행한다면 더 이상 무엇을 바라는가?"

14

당신은 우주의 일부분으로서만 존재한다. 그리고 당신을 창조했던 우주 속으로 사라질 것이다. 아니, 오히려 당신은 다시 한번 우주의 창조적 이성 속으로 끌어올려질 것이다.

15

같은 제단 위에 뿌려진 많은 향 가루. 그 향 가루 중 어떤 것은 먼저 뿌려졌고 어떤 것은 나중에 뿌려졌다──그러나 그들 사이에는 아무런 차이도 없다.

16

만일 당신의 본원으로 돌아가 이성을 존중하기만 한다면 현재 당신을 짐승이나 원숭이로 생각하는 인간들에게조차 당신은 10일 이내에 신으로 보이게 될 것이다.

17

당신 앞에 1만 년의 세월이 남아 있는 것처럼 살아가지 말라. 죽음은 바로 당신 가까이에 와 있다. 생명과 능력이 있는 동안 당신 자신을 선하게 하라.

18

다른 사람들이 무엇을 말하고 무엇을 행하고 무엇을 생각하는지 신경 쓰지 않고 오직 자기 행동이 정의롭고 경건하고 선한지에 주의를 기울이는 사람은 커다란 평온을 얻는다. 남들의 좋지 못한 성품에 기웃거리지 말고 마음의 흔들림 없이 당신의 목표를 향해 달려가라.

19

사후의 명성에 연연하는 자는 자기를 기억하는 모든 사람 또한 곧 죽을 것이며 그들의 후손들도 이내 사라져, 자신에 대한 모든 기억은 마치 타오르다가 바로 사그라지는 불꽃처럼 마침내 시간의 흐름 속에서 소멸하고 만다는 것을 깨닫지 못한다. 설사 당신을 기억해 줄 사람들이 영원히 사라지지 않고 당신에 대한 기억이 영원히 계속된다 한들 그것이 무슨 소용이 있겠는가? 무덤 속에 있는 당신에게는 아무런 소용도 없는 것이다. 비록 살아 있는 동안이라 해도 당신에 대한 칭찬이——기껏해야 약간의 편의를 제공할 뿐인——무슨 소용이 있겠는가? 그러므로 미래에 사람들이 당신에 대해 어떤 말을 할 것인가에 집착하고 있다면 현재 자연이 준 선물을 시기에 맞지 않게 거절하고 있다.

20

어떤 면에서나 아름다운 것은 모두 그 아름다움을 스스로 발산하는 것이다. 아름다운 것은 그 자체로 완전하며 사람들의 칭찬은 조금도 도움이 되지 못한다. 칭찬한다고 해서 그것이 더 아름답거나 더 추해질 수는 없기 때문이다. 이 말은 자연의 사물이나 예술 작품과 같은 흔히 아름답다고 일컬어지는 것들에도 적용된다. 진정으로 아름다운 것은 그 이상의 것이 필요하지 않다. 법률과 진리, 친절함과 정중함 또한 그러하다. 이것들 가운데 칭찬에 의해 아름답거나 비난으로 더러워지는 것이 있는가? 에메랄드가 칭찬을 받지 못한다고 해서 그 아름다움을 잃는가? 황금이나 상아, 자수정이 그러하며 칠현금이나 단검, 꽃봉오리, 관목이 또한 그렇지 아니한가?

21

우리가 죽은 뒤에도 영혼이 계속해서 살아간다면 우리 머리 위의 대기는 태초 이래의 그 많은 영혼을 어떻게 수용해 왔는가?[24] 또 대지는 태초부터 매장되어 온 그 많은 육체를 어떻게 수용해 왔는가? 매장된 시체는 잠깐 그 상태로 있다가 썩고 분해되어 다른 시체에 자리를 내준다. 이와 마찬가지로 영혼들은 대기 속에서 잠깐 머문 뒤 불로 변하여 우주의 창조적 본원으로 되돌아감으로써 다른 영혼들에 제 자리를 내주는 것이다. 사후 영혼의 존재를 믿는 사람들은 누구나 이렇게 대답한다.

---

24) 이 질문은 에피쿠로스학파의 학자들이 던질 만한 의문이다. 왜냐하면 그들은 불멸을 믿지 않기 때문이다.

더구나 인간의 시체뿐 아니라 매일 우리나 다른 짐승들에게 잡아먹히는 모든 동물의 시체도 고려해야 한다. 얼마나 많은 동물이 그렇게 죽어가며 인간이나 다른 짐승의 배속에 매장되어 왔는가? 그러나 잡아먹힌 동물들은 인간이나 다른 짐승의 체내에서 피로 변했다가 다시 공기나 불로 변하기에 대지는 그것들을 수용할 수가 있는 것이다.

이 모든 것들의 진실성을 어떻게 규명할 수 있겠는가? 그것은 물질과 그 물질이 생겨난 근원을 분간함으로써 가능하다.

22

감정에 휩쓸리지 않도록 하라. 어떤 충동이 일어나면 우선 그것이 정의의 요구에 일치하는가를 확인하라. 어떤 생각이 떠오르면 당신 자신에게 그 정당성을 확신시켜라.

23

오, 우주여. 너와 조화를 이루는 것이라면 나와도 조화를 이루는 것이다. 너에게 알맞은 때 일어나는 일이라면 내게도 너무 늦거나 너무 이르지 않다. 오, 자연이여. 너의 계절이 가져다주는 것은 모두 내게는 과일이다. 만물이 네게서 생겨났고 네 안에서 살며 네게로 돌아간다. 어떤 시인은 "사랑스러운 케크로프스(Cecrops)의 도시여!"[25]라고 노래했다. 당신은 "사랑스러운 제우스의 도시여!"[26]라고 외치지 않겠는가?

24

"스스로 만족하기를 원한다면 행위를 적게 하라"고 어떤 현인[27]이 말했다. 그러나 "반드시 하지 않으면 안 되는 행위만을, 사회적 존재로서의 이성이 요구하는 행위만을 하라"고 말하는 편이 훨씬 더 나을 것이다. 그렇게 하면 적은 행위와 훌륭한 행위로부터 오는 만족을 얻을 수 있을 것이다. 우리가 말하는 것과 행동하는 것 대부분은 불필요한 것들이고 불필요한 말과 행위를 하지 않으면 시간과 노고를 아낄 수 있기 때문이다. 그러므로 항상 자신에게 "분명 이것이 필요한 행위인가?"라고 물어야 한다. 불필요한 행위뿐 아니라 불필요한 생각까지도 제거해야 한다. 그러면 그릇된 행위도 사라질 것이다.

---

25) 케크로프스는 고대 그리스의 수도 아테네를 창건했다는 전설상의 인물. 이 말은 Aristo-phanes에 의해 사용된 말.
26) 아테네가 하나의 공동체인 것처럼 우주도 분명히 하나의 공동체라는 것을 의미하고 있다.
27) 에피쿠로스학파의 한 사람인 Democritus를 가리킴.

25

선인(善人)의 삶을 살아갈 수 있는지 시도해 보라. 우주로부터 할
당받은 자신의 운명에 만족하고 자신의 행위가 정의롭기만을 추구
하며 자신의 성품이 온화하기만을 추구하는 삶에 적합한지 어떤지
를.

26

당신은 저 모든 것들을 보았는가? 그렇다면 이번에는 이것을 보
라. 자신을 어지럽히지 말고 단순해지라. 누군가가 그릇된 행동을
하는가? 그릇된 행동을 하는 것은 스스로 잘못 행동하는 것이다.
당신에게 어떤 일이 일어났는가? 좋다. 그렇다면 그것은 태초부터
우주의 한 부분인 당신이라는 독특한 옷감에 짜인 한 가닥 실이다.
한마디로 인생은 짧다. 그러므로 이성에 순종하며 현재의 상황으
로부터 정의롭게 당신에게 유익한 것을 끌어내라. 깨어 있어라. 그
리고 침착하라.

27

우주가 질서 정연한 것이든 우연에 의해 마구 얽힌 것이든 거기에
는 질서가 있다. 우주 속에 질서가 없는데 당신의 내부 세계에는 질
서가 있을 수 있겠는가? 만물은 자연의 다른 부분들로부터 각기 구

분되면서도 그것들과 함께 조화를 이루고 있지 않은가?

28

음험한 성격, 아낙네처럼 고집 센 성격, 야수와 같은 사나운 성격, 유치하고 우둔하고 거짓에 찬 성격, 장사치와 같은 성격, 폭군 같은 성격.

29

우주에 깃든 진리를 이해하지 못하는 사람이 우주 속 이방인이라면 우주에서 일어나는 일들을 이해하지 못하는 사람 또한 우주 속 이방인이다. 그런 사람은 이성의 세계로부터 스스로 추방당한 유형자이며, 마음의 눈이 감긴 장님이며, 인생에서 필요한 모든 것을 다른 사람들에게 의지하는 거지이다. 자신의 운명에 불만을 품고 우리 모두에게 미치는 자연의 섭리에 반항하며 자신을 고립시키는 자는 우주의 종양이다. 왜냐하면 그의 운명 또한 당신 자신을 창조한 바로 그 자연의 산물이기 때문이다. 자신의 영혼을 모든 이성적 존재들의 사회로부터 분리하는 자는 사회로부터 절단된 사지(四肢)인 것이다.

30

어떤 사람은 옷 한 벌 없으면서도 철학을 실천하고 어떤 사람은 책 한 권 없으면서도 철학을 실천한다. 또 어떤 사람은 헐벗은 상태로 "내겐 빵 한 조각도 없다. 그러나 이성만은 지니고 있다"라고 말한다. 나로 말하자면 학문의 결실은 보지 못했지만, 이성에 집착하고 있다.

31

당신이 익힌 일이 아무리 보잘것없는 것이라 하더라도 그 일에 전념하라. 그리고 그 속에서 즐거움을 찾아라. 모든 것을 진심으로 신에게 맡긴 사람처럼 남은 삶을 보내라. 그리하여 이제부터는 누구의 주인도 누구의 노예도 되지 말라.

32

베스파시아누스(Vespasianus)[28] 황제 시대를 생각해 보라. 당시에도 남녀가 결혼하고, 아이를 낳고, 병들고, 죽고, 싸움을 하고, 축제를 벌이고, 상거래를 하고, 농사를 짓고, 아첨하고, 허세를 부리고, 시기하고, 의심하고, 계략을 꾸미고, 저주하고, 자신의 운명에

---

28) 7~79년의 로마 황제.

대해 불평하고, 사랑에 빠지고, 재물을 탐하고, 집정관의 지위와 왕좌를 노렸다는 것을 알 수 있을 것이다. 그러나 오늘날 그들의 삶의 흔적은 어디에도 남아 있지 않다. 다시 트라야누스(Trajanus)[29] 황제 시대로 거슬러 올라가 보자. 그때에도 모든 것이 똑같았으며 당시 사람들의 삶의 흔적 역시 남아 있지 않다. 얼마나 많은 사람들이 이와 같은 삶의 투쟁을 하다가 곧 사라져 원소로 분해되었는가. 무엇보다도 당신 자신이 직접 목격했던, 자신의 본질에 따르거나 피조물의 의무 수행에 만족하지 않고 헛되이 투쟁하다 사라져 간 사람들의 삶을 회상해 보라. 어떤 것을 추구하든 그 대상의 가치에 따라야 한다는 것을 꼭 명심하라. 그러면 당신은 실의에 빠지거나 하찮은 일에 헛되이 빠져들지 않을 것이다.

33

한때 널리 쓰였지만, 오늘날에는 거의 사라진 말들이 있다. 한때 많은 사람의 입에 자주 오르내렸던 사람들의 이름 또한 오늘날에 와서는 생소하게 들린다. 예컨대 카밀루스(Camillus), 카에소(Caeso), 볼레수스(Volesus), 덴타투스(Dentatus), 그리고 그보다 조금 후세의 인물인 스키피오(Scipio), 카토(Cato), 심지어 아우구스투스(Augustus), 하드리아누스(Hadrianus), 안토니우스

---

29) 53~117년의 로마 황제.

(Antonius)조차 그러하다. 모든 사물은 사라져 이내 전설이 되고 이윽고 망각 속에 완전히 묻혀 버리는 것이다. 한때 찬란한 영화를 누렸던 자들도 이런 식으로 잊혀 갔다. 하물며 그렇지 못한 사람들의 경우는 그야말로 죽자마자 '자취도 없이 소리도 없이'[30]──호메로스의 말처럼──사라져 버리고 만다. 영원히 사라지지 않는 명성이 어디 있겠는가? 모두가 공허한 것이다.

그렇다면 우리는 무엇을 추구해야 할 것인가? 오직 이것뿐이다. 즉 올바른 생각, 이기심 없는 행위, 거짓 없는 말, 그리고 자기에게 닥쳐오는 모든 일들을 운명 지어지거나 예상했던 것, 혹은 하나의 근원과 원천으로부터 나오는 것으로 받아들이는 성품뿐이다.

34

클로토(Clotho)[31] 여신이 어떤 실로 운명의 천을 짜든 당신 자신을 기꺼이 그녀에게 맡겨라.

35

우리는 모두 하루살이이다. 기억하는 자든 기억되는 자든 마찬

---

30) 《Odysseia》에서 인용된 말. Telemachus가 그의 아버지 Odysseus의 사라짐을 탄식한 말.
31) 운명의 여신 세 자매 가운데 그녀는 인간 운명의 피륙을 짜고, Lachesis 여신은 인간의 운명을 결정하고, Atropos 여신은 어떤 인간의 일생의 종말이 오면 그 실을 가위로 자른다.

가지이다.

36

만물이 변화로 끊임없이 생성됨을 주시하라. 자연의 본성은 모든 존재를 변화시켜 그와 비슷한 새로운 것들을 만들기 좋아한다는 사실을 기억하라. 존재하는 것은 모두 어떤 의미에서는 새로 태어날 것의 씨앗이다. 그러나 당신은 땅이나 자궁 속에 뿌려지는 것만을 씨앗이라고 생각한다. 그것은 무지몽매한 생각이다.

37

머지않아 당신은 죽게 될 것이다. 그런데도 당신은 소박하지도 평온하지도 않고 외부에서 어떤 재해가 닥쳐올지도 모른다는 의혹에 사로잡혀 있으며 사람들에게 관대하지 못하고 정의롭게 행동하는 것만이 지혜라는 확신도 없다.

38

현자들의 행위를 지배하는 것은 무엇인지, 또 그들이 무엇을 추구하고 무엇을 멀리하는지 주의 깊게 살펴보라.

39

해악은 다른 사람의 마음에서 오는 것도 아니고 당신의 육체나 환경의 변화에서 오는 것도 아니다. 그러면 어디에서 오는 것일까? 악을 판단하는 당신의 마음에서 오는 것이다. 마음이 그러한 판단을 내리지 않도록 하라. 그러면 모든 것이 만족스러울 것이다. 심지어 마음과 가장 가까운 이웃이 육체가 잘리고, 불에 타고, 곪아 터지고, 썩을 때조차 침묵하게 하라. 그리고 악한 자에게나 선한 자에게나 똑같이 일어나는 모든 일은 선도 악도 아니라고 판단하도록 하라——자연의 법칙에 따라 사는 사람에게나 그렇지 않은 사람에게나 똑같이 일어나는 일 그 자체는 자연의 목적을 방해하는 것도 아니고 촉진하는 것도 아니기 때문이다.

40

우주를 육체와 영혼을 가진 살아 있는 존재로 생각하라——우주의 감성이 어떻게 만물을 지배하는지, 만물이 우주의 충동으로 어떻게 움직이고, 모든 인과관계 속에서 어떻게 자기 임무를 수행하며 어떻게 함께 얽혀 있고 짜여 있는지 주의 깊게 관찰하라.

41

에픽테토스의 말처럼, 당신은 시체를 짊어진 가련한 영혼이다.

42

변화의 결과로써 생기는 것이 선이 아닌 것처럼 변화의 과정 속에 있는 것이 악이 아니다.

43

시간은 모든 사물이 떠내려가는 거센 강물이다. 모든 사물은 나타나자마자 곧 과거 속으로 떠내려가 버리며 그다음 것이 뒤이어 나타났다가는 역시 곧 떠내려가 버린다.

44

일어나는 모든 일은 마치 봄에 장미꽃이 피고 여름에 과일이 열리는 것처럼 일상적이고 당연한 일이다. 질병이나 죽음, 중상모략, 음모, 그밖에 어리석은 인간들을 기쁘게 해주고 괴롭히는 모든 일들도 마찬가지다.

45

뒤이어 일어나는 일은 먼저 일어난 일과 밀접하게 연관된다. 그것은 순서에 따라 일어나는 독립된 사건의 연속이 아니라 서로 합리적으로 연결된 것이다. 그뿐만 아니라 이미 존재하는 것들이 서로 조화를 이루는 것처럼, 발생하고 있는 것들은 단순한 연속이 아닌 놀라운 상관관계를 보인다.

46

"흙이 죽어 물이 되고, 물이 죽어 공기가 되며, 공기가 죽어 불이 되고, 불이 죽으면 다시 흙이 되어 이러한 순환을 반복한다"라는 헤라클레이토스의 말을 항상 기억하라. "자기가 가고 있는 길이 어디로 통하는지 모르는 채 가고 있는 나그네들", "사람들은 가장 가까운 벗인 이성과 사이좋게 지내지 못한다. 사람들은 지배자인 이성과 끊임없이 접촉하면서도 그것을 낯설게 여긴다", "잠들어 있는 사람처럼 행동하거나 말해서는 안 된다(잠들어 있는 사람은 자기가 행동이나 말하고 있다고 생각한다)"라는 그의 말도 항상 기억하라.

47

만일 어떤 신이 당신에게 "너는 내일까지, 기껏해야 모레까지밖에 살지 못할 것이다"라고 말한다면, 무지한 사람이 아닌 한 당신은 내일이건 모레건 문제 삼지 않을 것이다. 이들 사이의 기간이 짧기 때문이다!

이와 마찬가지로 몇 년 후에 죽건 내일 죽건 문제 삼지 말라.

48

눈살을 찌푸린 채 죽어가는 환자를 내려다보던 의사들 역시 죽어 갔음을 상기하라. 다른 사람의 죽음을 엄숙하게 예언했던 점성가들도 죽어 갔음을 상기하라. 또한 죽음과 불멸에 대해 끝없이 논쟁했던 철학자들, 수많은 사람을 죽였던 전쟁의 영웅들, 자신이 영원히 죽지 않는 신인 듯 끔찍하고 잔인하게 권력을 휘두르며 사람들의 생명을 희롱했던 폭군들, 영원히 멸망하지 않을 것처럼 보였던 헬리케(Helice), 폼페이(Pompeii), 헤르쿨라네움(Herculaneum)[32] 등의 수많은 도시도 사라져 갔음을 상기하라. 그리고 당신과 가까이 지냈던 사람들도 하나씩 하나씩 죽어 갔음을 상기하라. 한 사람이 다른 사람을 묻어 주었고 그 사람을 또 다른 사람이 묻어 주었으며 그 또한 죽었음을. 그리고 그 모든 일들이 순식간에 일어났음을. 인생은 얼마나 허망하고 보잘것없는 것인가. 어제까지만 해도 한 방울의 정액이었던 것이 내일이면 시체나 한 줌의 재로 변해 버리는 것이다.

그러므로 지상에서의 이 덧없는 순간들을 자연에 따라 살라. 낳아 준 대지를 축복하고 길러 준 나무에 감사하면서 떨어지는 무르익은 올리브 열매처럼, 때가 되면 감사하는 마음으로 떠나라.

---

32) Helice는 아카이아(Achaea)의 도시로 B.C. 373년 바다 속에 가라앉아 갑자기 멸망했으며, Pompeii와 Herculaneum은 Vesuvius 화산의 폭발로 B.C. 79년에 멸망했다.

49

쉴 새 없이 파도에 부딪혀도 꿋꿋하게 버티는 바위를 닮아라. 바위는 조금도 움직이지 않고 격렬한 파도는 마침내 잠잠해진다.

"이런 일이 닥치다니, 나는 왜 이리 불행한가!"라고 말하지 말라. 오히려 "내게 일어난 일로써 괴로워하지 않고 현재로서 흔들리지 않으며 미래로써 두려워하지 않으니, 나는 얼마나 행복한가?"라고 말하라. 그런 일은 누구에게나 일어날 수 있지만 아무나 괴로움을 느끼지 않고 그것을 견디어 낼 수 있는 것은 아니다. 어째서 누구는 행복해하고 누구는 불행해할까? 어떤 일이 당신의 본성에 어긋난다고 해서 그 일을 불행이라고 말할 수 있겠는가? 자연의 의지에 어긋나지 않는 것이 인간의 본성에 어긋날 수 있겠는가? 그렇다. 당신은 이미 자연의 의지를 알고 있다. 그런데도 어찌하여 당신에게 일어난 일에 대해 정의롭고, 관대하고, 자제력 있고, 분별 있고, 신중하고, 진실하고, 겸손하고, 자유롭지 못한가? 어찌하여 인간의 본성은 자연의 의지가 작용하여 만드는 다른 성품들을 갖고 있지 못한가? 당신을 괴롭히는 어떤 일이 일어날 때는 언제나 "이것은 불행이 아니다. 이것을 훌륭하게 견디어 내는 것이 행복이다"라는 가르침을 기억하라.

50

삶에 집착하던 사람들을 주의 깊게 살펴보는 것은 간단한 일이지만 죽음을 가볍게 여기는 데 도움이 된다. 그들이 일찍 죽은 사람들보다 더 나은 것이 무엇인가? 그들도 모두 언젠가는 어딘가에 묻힐 것이다. 카디키아누스(Cadicianus), 파비우스(Fabius), 율리아누스(Julianus), 레피두스(Lepidus), 그 밖에 많은 사람도 지금 흙에 덮여 있지 않은가? 그들은 많은 사람을 장사 지내고는 마침내 자신도 땅에 묻힌 것이다. 결국 보잘것없는 교제와 가련한 육체, 심한 괴로움 속에서 그들이 누린 사형 집행 유예 기간은 짧았다. 오히려 그것은 무거운 짐이 아니겠는가? 당신 뒤의 무한한 시간과 당신 앞에 있는 무한한 시간을 보라. 이러한 무한 속에서 3일밖에 살지 못한 어린아이와 3대에 걸쳐 살았던 네스토르(Nestor)[33] 사이에 무슨 차이가 있는가?

51

항상 지름길로 가라──자연에 따르는 길이 지름길이다──가장 건전한 것만을 말하고, 가장 건전한 것만을 행하라. 이 목적을 지향하면 당신은 불안과 다툼과 타협과 허식으로부터 해방될 것이다.

---

33) 호메로스의 《일리아스(Ilias)》에 나오는 왕.

제5권

1

이른 아침, 잠자리에서 일어나기 싫을 때는 이렇게 생각하라. '인간으로서 의무를 수행하기 위해 일어나는 것이다. 나는 그것을 위해 태어났고 이 세상에 보내졌는데 그 일을 행하기 싫어하면 되겠는가? 내가 창조된 목적이 이렇게 이불 속에 누워 따뜻이 지내기 위해서였단 말인가?'라고. '그래도 이렇게 있는 게 훨씬 더 편안하다!'라고 생각할지도 모른다. 그렇다면 당신은 일하고 조력하기 위해서가 아니라 편안하게 살기 위해서 태어났단 말인가? 온갖 식물들과 참새, 개미, 거미, 꿀벌들을 보라. 그들은 저마다 의무를 수행하며 우주의 질서에 기여하고 있지 않은가? 그러나 당신은 인간의 의무를 수행하기 거부하며 자연이 명령하는 바를 이행하는 데 게을리하고 있다. "하지만 휴식도 취해야 하지 않는가?"라고 말할지도 모른다. 물론 그렇다. 그러나 자연은 먹고 마시는 것에 한계를 정해 놓은 것처럼 휴식에도 한계를 정해 놓았다. 당신은 그 한계를 넘어서 휴식을 취하고 있다. 휴식은 한계를 넘어 취하면서 일은 한계에 미치지 못하고 있다.

당신은 자신을 진정으로 사랑하고 있지 않다. 자신을 진정 사랑한다면 반드시 자신의 본성과 그 본성이 원하는 바를 사랑할 것이다. 자기의 일을 사랑하는 사람은 목욕하는 것도 식사하는 것도 잊은 채 그 일에 몰두한다. 당신은 조각가가 조각하는 일을 사랑하는 것보다, 무용가가 춤추는 것을 사랑하는 것보다, 구두쇠가 돈을 사랑하는 것보다 자신의 본성을 덜 사랑한다. 그들은 자기 일에 몰두하면 그 일을 성취하기 위해 밥도 잠도 잊는 것이다. 그러나 당신은 사회에 대한 봉사를 그다지 중요한 것으로 생각하지 않으며 몰두할 만한 가치가 없는 것으로 생각한다.

2

마음을 어지럽히는 모든 생각들을 제거하고 완전한 평온 상태에 침잠할 수 있는 것은 얼마나 큰 위안인가!

3

자연에 일치하는 말과 행동을 존중하라. 뒤따를지도 모르는 다른 사람들의 비난이나 비평 때문에 당신의 말과 행동을 바꾸지 말라. 당신의 말과 행동이 훌륭한 것이라면 당신 자신을 따르라. 당신을 비평하는 사람들도 그들을 지배하는 이성을 갖고 있으며, 그에 따라 행동하는 것이다. 그들에게 한눈을 팔아서는 안 된다. 자신의 본성과 우주의 본성——이 두 길은 똑같은 것이지만——에 따라 똑바로 나아가라.

4

가다가 쓰러져 영원한 휴식을 취할 때까지 자연에 따르는 나의 길을 가리라. 날마다 숨 쉬던 대기 속으로 마지막 숨결을 되돌려 주고, 아버지가 씨앗을 얻고, 어머니가 피를 얻고, 유모가 젖을 얻었던 대지——그토록 오랜 세월 나날이 먹을 것과 마실 것을 주었고, 내가 밟고 다니며 수많은 것들을 이용했던 대지——위에 쓰러져 영원한 휴식을 취할 때까지.

5

당신이 영리하다고 사람들로부터 칭찬받을 수는 없을 것이다. 당신에게는 "그런 데는 선천적으로 재능이 없다"라고 둘러댈 수 없는 성품들이 많다. 그 미덕들을 발휘하라. 즉 성실, 품위, 인내심, 근면, 자제, 자족, 너그러움, 자유, 솔직함 등의 성품이야말로 당신 내부의 힘이다. 불평하지 말라. 말과 행동을 솔직하고 신중하고 온화하게 하라. 항상 품위 있게 행동하라. 지금, 이 순간에도 당신의 것으로 만들 수 있는 미덕들이 얼마나 많은가? 그런 미덕들을 갖추지 못한 것이 천부적인 재능이나 소질이 부족하기 때문이라고 변명할 수는 없을 것이다. 그런데도 당신은 여전히 그런 미덕들이 열등한 채로 머물러 있으려 한다. 어떤 천부적인 재능이 없어서 불평하고, 인색하고, 아첨하고, 병든 육체를 탓하고, 다른 사람의 비위를 맞추고, 허세 부리고, 변덕스러운가? 아니다, 절대 그렇지 않다. 당신은 진작에 이 모든 잘못들을 없앨 수도 있었다. 그랬더라면 당신은 이해가 더디고 우둔하다는 죄 이상의 죄는 면할 수 있었을 것이다. 그러나 이해가 더디고 우둔한 것을 심각하게 여기지 않거나 거기서 즐거움을 느끼는 것이 아니라면 그조차도 훈련을 통해 고칠 수 있는 것이다.

6

어떤 사람은 자기가 베푼 호의에 대해 즉시 그 보답을 바라며, 또 어떤 사람은 보답을 바라지는 않아도 호의를 받은 사람을 빚을 진 사람으로 간주하고 그것을 항상 마음속에 품고 있다. 그러나 자기가 남에게 베푼 선행을 의식하지 않은 사람도 있다. 그런 사람은 마치 많은 포도송이를 길러준 포도 덩굴이 그것을 의식하지 않은 것처럼, 또 경기에 나가 달리는 말처럼, 사냥감을 쫓아 달리는 사냥개처럼, 꿀통에 꿀을 가득 채운 꿀벌처럼, 자기가 행한 일을 기억하지 않는다. 그런 사람은 마치 포도 덩굴이 다음 여름의 포도송이 생산에 착수하듯이 곧장 다음 일로 옮겨간다.

"그렇다면 의식하지 않고 선행을 베풀어야 한다는 말인가?" 하고 당신은 물을 것이다. 그렇다. 그러나 사실 선행 자체에 대한 의식은 지녀야 한다. 격언에도 있듯이 '자기의 행위가 공공의 이익을 위한 것임을 아는 것은 사회적 존재의 특징'이기 때문이다. "그러나 사회가 그것을 인식하기를 바라는 것 또한 사회적 존재의 특징이 아닌가?"라고 또 물을 것이다. 그렇다. 분명 그렇다. 그러나 당신은 그 격언이 의미하는 바를 이해하지 못하고 있다. 당신은 그럴 듯한 추론으로 잘못 인도된 사람들, 즉 내가 앞에서 언급했던 부류의 사람들 속에 당신 자신을 버려둔 것이다. 이 격언의 참된 의미를 이해하라. 그러면 공공의 이익을 위한 당신의 모든 의무를 소홀히 하지 않게 될 것이다.

7

아테네인들은 "비를 내려 주소서. 오, 제우스신이여. 아테네의 들판과 평야에 비를 내려 주소서"라고 기도한다. 기도는 이처럼 간단하고 순박하게 해야 하며, 그렇지 못할 바에는 아예 기도하지 않는 편이 낫다.

8

의술의 신 아스쿨라피우스(Asculapius)가 사람들에게 승마를 하라든가, 냉수욕하라든가, 맨발로 걸으라는 처방을 내려준 것처럼 자연은 어떤 사람들에게 질병이라든가, 불구라든가, 그밖에 다른 무능력을 처방해 주었다. 전자의 경우에 '처방'이란 환자의 건강 회복을 위한 특별한 치료 방법을 지시한 것이다. 후자의 처방도 이와 비슷한 의미이며 각자에게 일어나는 일들은 모두 그의 운명을 위해 자연이 명령한 것이다. 벽이나 피라미드를 쌓아 올리는 석공이 네모진 돌들이 서로 꼭 맞아 통일된 전체를 이룰 때 '꼭 맞는다'라고 말하듯이 우리는 이러한 불행들을 '꼭 맞는다'라고 말할 수 있다. 이 상호 일치가 우주의 원리이다. 수많은 개체가 결합하여 조화된 우주를 이루듯이 수많은 원인이 결합하여 운명이라는 큰 원인을 이룬다. 현명하지 못한 사람들도 "그것은 그의 운명이다"라고 말하는 것을 보면 그들조차도 이 사실을 이해하고 있는 것이다. '그것'은 그에게 할당된 것이며 그에게 내려진 처방이다. 그러므로 아스쿨라피우스의 처방을 받아들이듯이 자연의 처방을 받아들여야 한다. 비록 처방된 것이 입에 쓰다 하더라도 건강을 위해 기꺼이 삼켜야 하는 것이다.

육체의 건강을 보살피듯 자연이 명령하는 것을 실행하라. 비록 당신에게 일어나는 일이 가혹하다 하더라도 기꺼이 받아들이라. 그것은 우주의 건강, 제우스신의 안녕과 복지를 위한 것이기 때문이다. 우주에 도움이 되는 것이 아니라면 자연은 누구에게도 그것을 할당해 주지 않았을 것이다. 자연은 자기가 지배하는 것에게 이익이 되는 일이 아니면 절대 일으키지 않는다. 그러므로 당신에게 일어나는 모든 일을 사랑으로 받아들여야 한다. 무엇보다 그것은 이미 당신에게 일어났고 당신을 위해 처방된 것이며 당신과 관련지어져 있고 모든 원인 중 가장 숭고한 원인에 의해 위로부터 내려온, 당신을 위한 운명의 실이기 때문이다. 또한 개인에게 일어나는 모든 일들은 우주를 지배하는 존재의 번영과 안녕, 생존의 원인이기 때문이다.

아무리 작은 것이라 할지라도 그것을 떼어냄으로써 그 결합과 연속——원인의 연속이건 요소의 연속이건——을 끊는 것은 전체의 완전성을 손상하는 것이다. 그런데도 당신은 불만스러울 때마다 힘을 다해 그러한 연속을 파괴해 버린다.

9

철두철미하게 올바른 원칙에 따라 행동했는데도 뜻대로 되지 않았다 하더라도 괴로워하거나 낙심하거나 절망에 빠져 포기하지 말라. 실패할 때마다 원칙으로 돌아가 당신의 행위 대부분이 훨씬 더 인간다워졌음을 기뻐하라. 당신의 원칙들을 사랑하라. 당신의 철학으로 되돌아갈 때는 학생이 엄한 선생님에게 가는 마음으로 가지 말고, 눈병에 걸린 환자가 달걀과 해면으로 만든 안약을 찾는 마음으로, 혹은 환자가 압박붕대와 찜질 약을 찾는 마음으로 돌아가라. 그렇게 하면 이성에 복종하는 것이 무거운 짐이 아니라 오히려 위안임을 알게 될 것이다. 당신의 철학은 본성이 원하는 것만을 원하며, 자연에 어긋나는 것을 원하는 것은 바로 당신 자신임을 명심하라. "하지만 그것보다 더 즐거움을 주는 것이 있는가?"라고 당신은 물을 것이다. 그러나 쾌락이 당신을 유혹하는 것은 즐거움을 통해서가 아닌가? 하지만 깊이 생각해 보라. 영혼의 고귀함이 더 즐거운 것이 아닌가? 허심탄회함과 소박함, 친절함, 경건함이 더 즐겁

지 않은가? 이해 능력과 인식 능력의 정밀성을 생각해 보면 지혜의
활동보다 더 즐거움을 주는 것이 어디 있겠는가?

10

사물의 참모습은 베일에 싸여 있으므로 뛰어난 철학자들조차 어
떤 확실한 인식에 도달한다는 것은 불가능하다고 주장했다. 심지
어 스토아학파의 철학자들까지도 사물의 참모습을 파악한다는 것
은 어려운 일이며 인간이 내리는 모든 판단은 자칫하면 오류에 빠
지기 쉬운 것으로 생각했다. 오류를 범하지 않는 인간은 없기 때문
이다. 이제 더욱 물질적인 것들에 대해 생각해 보자. 그것들은 얼마
나 빨리 사라지며, 얼마나 하찮으며, 얼마나 탕아나 창녀나 도둑의
손에 들어가기 쉬운가? 또 당신이 교제하고 있는 사람들의 인품을
생각해 보라. 그들 중 가장 훌륭한 사람들에 대해서도 참고 견디기
어렵다. 심지어 내 인품에 대해서까지도 참고 견딜 수가 없다. 이
와 같은 암흑과 진탕 속에서, 존재와 시간의 끊임없는 흐름 속에서,
강제적이고 지속적인 변화의 흐름 속에서 진정으로 존중하거나 추
구해야 할 것을 나는 발견할 수가 없다. 그렇다. 인간이 해야 할 일
은 자신을 타이르며 스스로가 자연에 의해 용해될 때를 조용히 기
다리는 것이다. 그동안에는 그때가 늦게 온다고 해서 화를 내지 말
고 다음과 같은 두 가지 생각을 하면서 위안을 찾아야 한다. 첫째,
'자연과 일치하지 않는 일은 결코 내게 일어나지 않는다.' 둘째, '나

는 신과 내 안의 영혼에 어긋나는 일을 하지 않을 수 있다. 나에게 그런 일을 강제로 하게 할 수 있는 사람은 아무도 없기 때문이다.'

11

지금 내 영혼을 어떤 목적에 사용하고 있는가? 항상 자신에게 이렇게 물어야 한다. "나를 지배하는 이성이라는 것을 채우고 있는 것은 무엇인가? 나는 어떤 종류의 영혼을 지니고 있는가? 어린아이의 영혼인가, 젊은이의 영혼인가, 여자의 영혼인가, 폭군의 영혼인가, 유순한 가축의 영혼인가, 아니면 야수의 영혼인가?"

12

사람들이 어떤 종류의 것을 '선'이라고 믿는지 알아보려면 이렇게 하라. 만일 누군가 지혜나 자제, 정의, 용기 등과 같은 참된 '선'을 갖고 싶다고 생각한다면 그는 "당신은 참으로 많은 선을 갖고 있군."이라는 농담에는 귀를 기울이지 않을 것이다. 왜냐하면 그것은 아무런 의미도 없는 말이기 때문이다. 반면 누군가 대부분 사람들이 '선'이라고 믿는 것을 갖고 싶다고 생각한다면 그는 즐거운 마음으로 그 농담꾼의 빈정대는 말에 귀를 기울이고 감사히 받아들일 것이다. 실제로 보통은 이러한 가치관을 따르고 있으며 이런 빈정대는 말에 반발하거나 기분을 상하지 않는다. 그러나 그것이 부(富)

라든가 혹은 사치와 명성에 도움이 되는 것들에 대한 것이라면 우리는 그것을 지극히 적절한 익살로 받아들일 것이다. 자, 이제 당신 자신에게 물어보라. "그러한 것들을 지나치게 많이 소유하고 있는 자는 자신을 평온하게 할 곳이 없다"라는 익살을 적절한 것으로 받아들인다면 그러한 것들을 중요시하고 '선'으로 간주하는 것이 옳은 일인지를.

13

나는 형상적인 요소와 물질적인 요소로 이루어졌다. 그런데 이들 중 그 어느 것도 무(無)에서 생겨나지 않았듯이 파괴되어 무로 돌아가지는 않을 것이다. 그러므로 언젠가는 나를 이루고 있는 각 부분은 변화하여 우주의 어떤 다른 부분으로 다시 나타날 것이다. 그리고 또다시 변화하여 우주의 다른 부분이 될 것이며 이러한 변화는 영원히 계속될 것이다. 내가 생겨난 것은 이런 변화 때문이며 나의 부모나 과거의 아득한 조상들도 마찬가지이다. 비록 우주가 어떤 일정한 주기의 연속 가운데 움직여 나간다고 하더라도 이 진리는 변함이 없을 것이다.

14

이성과 그 작용은 자신과 그 활동에 대한 자족 능력이다. 그들은 자신 내부의 근원으로부터 최초의 힘을 얻어 고유의 목표를 향해 똑바로 나아간다. 따라서 그러한 행위를 '올바른 행위'라고 하며 그것은 그들이 가는 길에서 벗어나지 않았음을 의미하는 것이다.

15

인간에게 속하지 않은 것을 탐해서는 안 된다. 그런 것은 인간에게 필요치 않다. 인간의 본성은 그런 것을 요구하지 않을 뿐 아니라 그런 것이 인간의 본성을 완전하게 해 주지 않기 때문이다. 따라서 인간은 그런 것에서 삶의 목적을 발견할 수 없으며 그것을 완성시켜 주는 선 또한 발견할 수 없다. 만일 그중 어떤 것이 인간이 자연으로부터 받은 유산에 속하는 것이라면 경멸하거나 무시할 수 없을 것이다. 즉 그것이 선이라면 그 선 없이도 살아갈 수 있는 사람을 칭찬하지 않을 것이며, 그것에 최선을 다하는 사람을 선인이라고 부를 수도 없을 것이다. 그러나 그런 것 없이도 살아갈 수 있는 사람일수록, 자신에게서 그런 것들을 제거하는 사람일수록 그는 그만큼 더 선인이다.

16

영혼은 사람이 항상 품고 있는 생각과 똑같은 종류의 것이 된다. 영혼은 생각에 따라 그 생각과 같은 색깔로 물들여지기 때문이다.

그러므로 당신의 영혼을 다음과 같은 생각들로 물들여라. 삶이 가능한 곳이라면 올바른 삶 또한 가능하다. 따라서 궁궐에서의 삶이 가능하다면 궁궐에서의 올바른 삶 또한 가능하다. 다시 말해 모든 사물은 각기 그것이 창조된 목적을 향해 발전하며 발전은 그 사물의 최종 상태를 지향하고 최종 상태는 그 사물을 가장 유익하고 선한 방향으로 이끌어 간다. 그러므로 이성적 존재의 선은 이웃과의 친교다──우리가 사회생활을 영위하기 위해 태어났다는 것은 이미 오래전에 밝혀졌기 때문이다. 더욱 열등한 존재는 더욱 우월한 존재를 위해, 그리고 더욱 우월한 존재는 서로를 위해 존재한다는 것은 명백하다. 그러므로 생명을 부여받고 창조된 것이 생명을 부여받지 못하고 창조된 것보다 더욱 우월하며, 이성을 부여받고 창조된 이성적 존재가 단순히 살아 있을 뿐인 존재보다 더욱 우월한 것이다.

17

손에 넣을 수 없는 것을 추구하는 것은 어리석은 짓이다. 그러나 열등한 인간은 그러한 행동을 결코 삼가지 못한다.

18

자연이 인간에게 견딜 힘을 주지 않은 일은 누구에게도 절대 일어나지 않는다. 당신에게 일어난 일은 다른 사람에게도 일어난다. 그러나 그는 자기에게 일어난 일을 의식하지 못해서 또는 자신의 고결함을 과시하려고 조금도 동요되지 않고 상처도 받지 않는다. 무지와 허세가 지혜보다 더 강력하다니, 얼마나 어이없는 일인가?

19

외부의 사물 자체는 결코 영혼을 건드릴 수 없다. 그것은 영혼 속으로 들어갈 수도 없으며, 영혼을 한쪽으로 기울게 하거나 움직일 수 있는 힘도 없다. 즉 영혼은 오직 그 자신에 의해서만 한쪽으로 기울기도 하고 움직이기도 하는 것이다. 영혼은 스스로 인정하는 판단 기준이 있으며 모든 외부의 사물을 그것에 적용한다.

20

동료에 대해 선하고 관대해야 한다는 점에서 인간은 우리에게 매우 가깝다. 그러나 그들이 우리의 행위를 방해한다는 점에서는 태양이나 바람, 야생 동물처럼 우리와 아무런 관계도 없는 존재다. 실로 그들이 우리의 어떤 행위는 방해할 수 있지만 의지나 정신의 성품은 방해하지 못한다. 왜냐하면 의지와 정신의 성품은 항상 자신을 침해당하지 않도록 보호하면서 환경에 적응하기 때문이다. 정신은 모든 장애물을 자기의 목표 달성을 위한 수단으로 바꾸어 버리

기도 한다. 그러므로 어떤 특별한 길을 가로막는 장애물은 오히려
그 길을 뚫고 가는 데 도움이 된다.

21

우주에서 가장 고귀한 것을 존중하라. 그것이 만물을 돌보고 지
배하는 것이다. 마찬가지로 당신에게서도 가장 고귀한 부분을 존중
하라. 그것은 앞에 있는 것과 동족이다. 왜냐하면 당신도 모든 것
을 돌보고 지배하는 것은 바로 그 부분이며 당신의 삶 또한 그 부분
에 지배되기 때문이다.

22

사회에 해가 되지 않는 것은 그 구성원에게도 해가 되지 않는다.
당신이 해를 입었다고 생각될 때는 항상 '사회가 해를 입지 않는 한
나 또한 해를 입지 않는다'라는 원칙을 적용하라. 그러나 실제로 사
회가 해를 입었다 하더라도 사회에 해를 끼친 자에게 화를 내지 말
고 어떤 생각이 그를 잘못으로 인도했는가를 지적해 주라.

23

현존하거나 생성되는 모든 사물이 얼마나 빨리 우리 곁을 스쳐 사

라지는지를 자주 상기하라. 존재라는 거대한 강은 잠시도 쉬지 않고 흐른다. 그 흐름은 끊임없이 변하며 근원도 수없이 변한다. 정지해 있는 것이라고는 단 한 가지도 없다. 우리 곁에는 늘 과거의 영원과 미래의 영원이라는 심연이 입을 벌리고 있으며 만물은 사라져 버린다. 그 속에서 마치 자기 주위의 것들이 영원히 변하지 않을 것처럼 으스대거나 자기의 고통이 영원히 계속될 것처럼 걱정하고 실의에 빠져 있는 자는 얼마나 어리석은 인간인가!

24

우주의 모든 존재들을 생각해 보라. 그 속에서 당신의 존재는 얼마나 미소한가. 무한한 시간을 생각해 보라. 그중에서 당신에게 할당된 시간은 얼마나 짧은 순간에 불과한가. 모든 운명을 생각해 보라. 그중에서 당신이 차지하고 있는 부분은 얼마나 작은 부분인가.

25

누군가가 내게 잘못을 저지르고 있는가? 그것은 나와는 상관없는 일이다. 그의 정신과 행동은 그의 것이기 때문이다. 나는 다만 우주의 본질이 명하는 것만을 받아들일 뿐이며 나의 본질이 명령하는 것만을 행할 뿐이다.

26

당신을 지배하는 이성, 즉 영혼의 지배자가 육체적 감성——그것이 고통이든 쾌락이든——에 의해 영향을 받지 않도록 조심하라. 당신의 이성이 육체적 감성과 뒤섞이지 않도록 조심하라. 이성은 그 자신의 영역 안에 머물면서 육체적 감성을 그 자체의 영역 안에 제한시켜야 한다. 그러나 육체적 감성이 공감이라는 통로를 통해 이성 속으로 들어오는 경우——이들 양자는 근본적으로 한 육체 안에 존재한다——그 육체적 감성을 배격해서는 안 된다. 그것은 자연적인 것이기 때문이다. 그러나 이성은 그 육체적 감성이 선한 것이라든가 악한 것이라든가 하는 판단을 내려서는 안 된다.

27

신과 함께 살라. 신과 함께 산다는 것은 언제나 자기의 영혼이 주어진 운명에 만족하고 있으며 내부의 신성(神性)——제우스신이 모든 인간에게 그의 지배자이며 안내자로서 준 예지와 이성——이 내리는 명령을 성실히 수행하고 있음을 신에게 보여 주는 것이다.

28

어떤 사람의 겨드랑이나 입에서 악취가 난다고 그에게 화를 낼 이유가 무엇인가? 그것이 무슨 소용이 있는가? 그의 겨드랑이와 입은 그에게 주어진 것이며 그런 악취를 풍기지 않을 수 없는 것이다. "그러나 그는 이성을 부여받았다. 그러니 조금만 생각해 보아도 그것이 혐오감을 일으킨다는 것을 알 수 있을 것이다"라고 말하는가? 당신 말이 옳다. 그러나 당신 또한 이성을 부여받았다. 그러므로 당신의 이성으로 그의 이성을 불러일으키라. 그에게 사실을 일깨워 주고 그것을 기억하게 하라. 그가 당신의 말에 귀를 기울인다면 당신은 그를 치료해 준 것이다. 그러면 더 이상 화를 낼 필요가 없을 것이다. 화를 내는 것은 배우나 매춘부에게나 어울리는 일이다.

29

당신은 죽은 뒤의 원하는 삶을 이 지상에서도 살 수가 있다. 사람들이 그렇게 사는 것을 허용하지 않는다면 이 지상에서의 삶을 떠나라. 그러나 학대받았다는 생각을 품지 말고 떠나라. '이 방은 연기가 자욱하다. 그래서 밖으로 나가는 것이다' 라는 생각으로 떠나라. 왜 그것을 두려운 것으로 생각하는가? 그런 이유로 스스로 떠나지 않는 한 내 자신의 주인으로서 이곳에 남아 있을 것이며 어느 누구도 내가 선택하는 삶——이성적이며 사회적인 존재의 본성에 일치하는 삶——을 가로막지는 못할 것이다.

30

우주의 본질은 공공의 이익을 지향한다. 그러므로 우주는 더욱 우월한 것들을 위해 더 열등한 것들을 창조했으며, 더욱 높은 존재들이 서로 조화를 이루도록 만들어 놓았다. 어떤 것들이 어떻게 종속되어지고 있으며, 또 어떤 것들이 어떻게 연결되어 있는지 살펴보라. 그리고 각각에 합당한 임무가 어떻게 부여되어 있으며 보다 우월한 것들이 어떻게 서로 조화를 이루고 있는지 살펴보라.

31

당신은 이제껏 신에 대해, 또 부모, 형제, 아내, 자식, 스승, 친구, 친척, 하인들에 대해 어떻게 행동해 왔는가? 그들 모두에 대해 '누구에게도 옳지 못한 말과 행동을 해서는 안 된다'라는 옛 시인의 말처럼 행동했는가? 이제까지 당신이 겪어 왔던 모든 것, 견디어 냈던 모든 것을 돌이켜보라. 당신 삶의 이야기는 이미 끝났으며 봉사의 날도 이미 끝났음을 상기하라. 그동안 얼마만큼 아름다운 것들을 보았으며, 얼마만큼 쾌락과 고통을 일축해 버렸으며, 얼마만큼 영예를 무시해 버렸으며, 얼마만큼 분별없는 자들에게 친절을 베풀었는가 돌이켜보라.

32

"미숙하고 무지한 영혼을 지닌 자들이 능숙하고 지적인 영혼을 지닌 자들을 교란할 수 있음은 무슨 까닭인가?"라고 묻는가? 당신이 말하는 능숙하고 지적인 영혼이란 어떤 영혼인가? 그것은 우주의 모든 원리를 아는 영혼, 일정한 주기에 따라 영원히 우주를 지배하는 영혼, 모든 존재 속에 스며들어 있는 이성을 아는 영혼인 것이다.

33

머지않아 당신은 재나 백골로 변해 이름——어떤 경우에든 이름은 공허한 소리며 메아리에 지나지 않지만——만 남든가 아니면 이름조차 사라져 버릴 것이다. 인생에서 사람들이 귀중한 것으로 생각하는 것들은 모두 공허하고 썩기 쉽고 하찮은 것들이다. 인간은 서로 물어뜯으며 싸우는 강아지와 같으며, 웃다가도 금방 울고 다투기 잘하는 어린애와 같다. 예의, 정의, 진리는 '드넓은 대지를 떠나 올림포스 산 위로' 쫓겨 갔다. 그런데 아직도 당신을 이곳에 붙잡아 두는 것은 무엇인가? 실로 감각적인 것들은 쉽게 변하고 덧없이 사라져 버리며 감각 그 자체도 점차 흐려지고 밀랍처럼 변하기 쉬운 것이고 영혼은 피로부터 피어오르는 증기에 지나지 않는다. 그런 가운데 명성이란 공허한 것이 아닌가? 그런데도 당신을 붙잡아 두는 것은 무엇인가? 즐거운 마음으로 죽음을 기다려라. 그것이 소멸이든, 아니면 다른 곳으로 이동이든 그때가 올 때까지 어떻게 해야 하는가? 신을 섬기고 찬양하며 다른 사람들에게 친절을 베풀고 참고 견디는 일 말고 무엇이 있겠는가? 보잘것없는 육체와 숨결의 범위를 벗어난 모든 것은 당신의 것이 아니며 당신의 능력 안에 있지 않다는 사실을 명심하라.

34

생각하고 행동할 때 항상 올바른 길을 따라가라. 그러면 인생은 평온하게 흘러갈 것이다. 신과 인간, 그리고 모든 이성적 존재의 영혼에 공통된 점이 두 가지 있다. 그것은 무엇에 의해서도 방해받지 않는다는 것, 그리고 올바른 행위와 욕망의 억제 속에 선이 존재한다는 것이다.

35

나의 악덕이나 악덕의 결과도 아니라면, 그리고 사회가 그것으로 인해 해를 입지 않는다면 내가 마음을 교란할 이유가 있겠는가? 그리고 그것이 사회에 해를 입힐 수가 있겠는가?

36

　어떤 사람이 곤경에 처해 있다 하여 성급히 마음을 빼앗기지 말라. 당신이 그를 도울 수 있고 그도 도움받을 자격이 있을 때만 도와주라. 그러나 그의 곤경에 아무런 도덕적 중요성도 내포되어 있지 않다면 그가 진정으로 곤경에 처해 있다고 생각하지 말라. 그런 습관을 조장하는 것은 악덕이기 때문이다. 오히려 그런 경우에는 떠나면서 자기가 사랑하는 아이의 팽이를 달라고──그 팽이가 그저 팽이에 지나지 않는다는 것을 잘 알고 있으면서도──짐짓 애걸하는 노인처럼 행동하라.

　나의 친구여, 당신이 연단에서 표를 달라고 눈물 흘리며 애원할 때 그것이 어떤 가치를 지니고 있는지 잊었는가? "알고 있다. 그러나 청중들은 내가 그렇게 하기를 바란다"라고 당신은 말할 것이다. 그렇다고 그것이 당신도 그들처럼 어리석은 자가 되는 것을 정당화시켜 줄 수 있겠는가?

37

　'어떠한 숙명 속에서도 나는 항상 행운아였다.' 행운아란 행운의 선물을 자기 자신에게 주는 자를 의미하며 행운의 선물이란 훌륭한 성품과 지각력, 행동을 의미한다.

제6권

1

우주의 물질적 본질은 유순하고 고분고분하다. 그리고 그것을 지배하는 이성은 악을 행할 소지를 전혀 품고 있지 않다. 악의라고는 전혀 갖고 있지 않기 때문이다. 이 이성은 어떤 것에도 결코 해를 입히지 않으며 오히려 만물을 생성하고 완성해 가는 것이다.

2

당신이 올바른 일을 하고 있다면 추위에 얼든 활활 타오르는 불가에 있든 상관하지 말라. 또한 졸리든 숙면으로 상쾌한 기분이든, 비난을 받든 칭찬을 받든, 죽음에 처해 있든 어떻든 상관하지 말라. 죽음 또한 삶의 행위 중 하나이며 의무를 수행하듯 죽음도 수행해야 하기 때문이다. 그러므로 죽어가고 있을 때조차 해야 할 일은 현재 행하고 있는 일이 잘 되고 있는가를 살피는 것뿐이다.

3

사물의 내면을 보라. 본질과 가치를 놓치지 말라.

4

눈에 보이는 모든 사물은 순식간에 변해 버린다. 그 물질이 단일체라면 승화로, 그렇지 않다면 원소들의 분산으로 변할 것이다.

5

지배자인 이성은 자신의 상황을 잘 알고 있으며 자신이 무엇을 창조하며 어떤 재료들로 창조하고 있는지 잘 알고 있다.

6

최선의 복수는 당신의 적과 같은 사람이 되지 않는 것이다.

7

늘 신을 기억하며 오로지 공익을 위한 일에서 일로 계속 옮아가는 데서 즐거움과 평온을 찾아라.

8

우리를 지배하는 이성은 자신을 일깨우고 명령하며 자기 자신과 발생하는 모든 일을 자기가 원하는 모습으로 나타나게 할 수 있다.

9

모든 사물은 우주의 본질에 일치하는 상태로 완성된다. 왜냐하면 우주의 본질이 사물들을 덮고 있는 것처럼 보이든, 사물들 안에 내포된 것처럼 보이든, 아니면 따로 떨어져 별개로 존재하고 있는 것처럼 보이든 모든 사물은 어떤 다른 본질에는 일치할 수가 없기 때문이다.

10

이 세계는 결합과 분산이 마구 얽힌 뒤범벅이 되거나 질서와 신의 섭리로 조화된 하나의 통일체다. 만일 전자 쪽이라면 그런 혼란과 무질서 속에 머물러 있기를 갈망할 이유가 무엇인가? 어떻게 '흙으로 돌아갈' 것인가 하는 방법 말고 걱정할 일이 무엇인가? 마음이 혼란될 이유가 무엇인가? 내가 어떻게 하든 조만간 원소들의 분해가 나를 덮칠 것이 아닌가? 그러나 후자의 경우가 사실이라면 나는 지배적 이성을 존중하고 신봉하며 그것으로부터 용기를 얻을 것이다.

11

환경에 의해 어쩔 수 없이 혼란에 빠질 때는 빨리 당신 자신으로 되돌아오라. 불가피한 경우가 아닌 때에는 동요하지 말라. 언제나 조화로 되돌아감으로써 보다 훌륭하게 조화를 유지할 수 있을 것이기 때문이다.

12

만일 생모와 서모가 있다면 당신은 서모에게 의무는 다하려 하겠지만 끊임없이 생모에게 돌아가고 싶을 것이다. 궁전과 철학은 마치 서모와 생모의 관계와 같다. 자주 철학으로 돌아가 평온을 찾아라. 그것은 궁전 생활을 견딜 만한 것으로, 또 견딜 수 있게 해 줄 것이다.

13

구운 고기와 그 밖의 음식들이 앞에 놓여 있을 때 마음속으로 '이것은 물고기의 사체, 저것은 새의 사체, 저것은 돼지의 사체'라고 생각하는 것은 매우 유익한 일이다. 또한 이탈리아산 팔레르노 (Falerno) 포도주를 포도송이를 눌러 짜낸 액즙으로, 제왕의 자줏빛 옷을 양털에 조개 피를 물들인 것으로, 성교를 정액의 발작적인 방출을 동반하는 내부 마찰로 생각하는 것도 매우 유익한 일이다. 이런 생각들은 사물의 핵심을 꿰뚫어 참모습을 드러내 준다. 당신은 일생 이와 같은 생각을 해야 한다. 어떤 사물이 매혹적으로 보일 때, 껍질을 벗겨 벌거벗은 모습으로 만들라. 그리하여 그것들을 그렇게 당당한 것으로 여기게 하는 당신의 허영심을 깨뜨려라. 허영심이야말로 이성을 위험한 혼란 상태에 빠뜨리는 것이며 자신의 편견을 가장 소중한 것으로 생각할 때 허영심에 사로잡히기 쉽기 때문이다. 크라테스가 크세노크라테스에 대해 한 말을 명심하라.

14

평범한 사람들의 찬양을 받는 사물 대부분은 돌이나 목재처럼 단순히 물질적 힘으로 결합한 일반적인 사물이거나 무화과, 포도, 올리브처럼 자연적인 성장 원칙에 의해 결합한 사물이다. 평범한 사람들보다 한층 깨어난 사람들의 찬양을 받는 사물은 양 떼나 소 떼처럼 생명의 원칙에 의해 결합한 것들이며, 또 그들보다 더 깨어난 사람들의 찬양을 받는 사물은 이성적 영혼에 의해 결합된 것들이다——여기에서 이성은 우주적 이성의 일부분이 아닌, 단지 손재주나 어떤 재능을 가졌다거나 수많은 노예를 소유하고 있는 이성을 의미한다. 그러나 이성적, 우주적, 사회적 영혼을 무엇보다 중요시하는 사람은 자기 영혼의 성품과 활동이 항상 이성적, 사회적인 것이 되도록 노력하며 그를 위해 자기와 같은 부류의 사람들과 협력할 뿐 그 외의 어떤 것에도 마음을 두지 않는다.

15

어떤 것들은 태어나기를 서두르고, 또 어떤 것들은 사라지기를 서두르고 있다. 그리고 생성 과정에 있는 것조차도 이미 그 일부분은 소멸하고 있다. 영원한 시간의 흐름이 항상 새로운 시대를 만들어가듯이 변화의 흐름은 끊임없이 우주를 새로운 모습으로 만든다. 달음질치며 사라져가는 것 가운데 인간이 계속해서 존경심을 가질 만한 것이 무엇인가? 그것은 마치 날아가는 참새에게 마음을 두는 것과 같다. 보라, 참새는 순식간에 시야에서 사라져 버린다. 이렇듯 사람의 생명이란 한 모금 들이쉰 숨이나 한 방울 내보낸 땀에 지나지 않는다. 매 순간 숨을 들이마셨다가 다시 그것을 토해 내듯이 어제, 그제, 당신이 태어날 때 받았던 호흡 능력을 그 근원으로 되돌려주는 것이다.

16

발산 작용이 대단한 것이 아니다. 식물도 발산 작용을 한다. 또 호흡 작용이 대단한 것도 아니다. 가축과 야생 동물도 호흡 작용을 한다. 감각 작용이나 욕망에 대한 충동, 군집 생활의 본능, 음식 섭취(그것은 배설 작용과 마찬가지다)도 역시 그러하다. 그렇다면 우리가 높이 평가해야 할 것은 무엇인가? 요란한 찬사인가? 아니다. 사람의 혀로부터 찬사를 받는 것도 높이 평가할 것이 못 된다. 사람의 찬사는 혓바닥의 재잘거림에 지나지 않는다. 명성도 하찮은 것으로 뿌리쳐야 한다면 높이 평가해야 할 것은 무엇인가? 바로 우리가 창조된 목적에 따라 행동하는 것이다. 모든 예술과 기술이 그것을 지향하고 있다. 산물을 그것이 만들어진 목적에 맞게 쓰이게 하는 것이 기술의 목표다. 그것은 포도나무를 심고 보살피는 사람의 목표이기도 하고, 말을 길들이는 사람의 목표이기도 하며, 개를 훈련시키는 사람의 목표이기도 하다. 가정교사와 스승들의 노력 또한 똑같은 목표를 지향하고 있다. 이것이야말로 우리가 존중해야 할 것이다. 진정으로 이것을 자신의 목표로 삼는다면 그 밖의 어떤 것도 당신을 유혹하지 않을 것이다. 품고 있는 다른 모든 욕망을 버려라. 그렇지 않으면 결코 자신의 지배자가 될 수 없을 것이며, 다른 것들에서 벗어날 수 없을 것이며, 격정에서 벗어날 수도 없을 것이다. 다른 것들에 대한 추구는 시기심과 질투심을 일으키며, 그것들을 빼앗아 갈지도 모르는 모든 사람을 의혹에 찬 눈으로 바라보게 하며, 당신이 소중하게 생각하는 것들을 소유한 사람을 모함하게 하기 때문이다. 그런 것이 없으면 안 된다고 생각하는 사람은 어쩔 수 없이 혼란에 빠지게 되며 신에 대해 비난을 퍼붓게 된다. 반면 당신 내면의 정신을 높이 평가하고 존중한다면 평온과 화합, 신과의 조화도 이루게 될 것이다. 그리하여 신에게서 받은 운명이 어떤 것이든 기꺼이 만족하고 복종할 것이다.

17

원소들은 그들의 궤도를 따라 위로, 아래로, 그리고 이리저리 떠돌아다닌다. 그러나 덕(德)의 운동은 원소들의 운동과는 전혀 다르다. 덕은 이해하기 어려운 궤도를 따라 조용히 진행해 나가는, 보다 신성한 운동을 하는 것이다.

18

인간의 행위는 얼마나 이상한가? 그들은 함께 살고 있는 같은 시대 사람들은 칭찬하려 하지 않으면서도 이제껏 본 적도 없고 앞으로도 보지 못할 후세 사람들로부터 칭찬받기를 갈망한다. 그것은 이미 죽은 조상들이 자기를 칭찬해 주지 않았다고 투덜대는 것과 다를 바 없다.

19

당신에게 힘든 일이라 하여 그 일을 인간으로서는 해낼 수 없는 일이라고 생각하지 말라. 만일 어떤 일이 인간으로서 해낼 수 있으며 또 인간에게 합당한 일이라면 당신도 그 일을 해낼 수 있다고 생각하라.

20

운동 경기 도중 상대방이 손톱으로 할퀴거나 들이받아 머리에 상처를 입혀도 그것을 문제 삼거나 보복하거나 악의로 그런 것이라고 의심하지 않는다. 그러나 우리는 경기할 때 그를 경계하게 된다. 그를 적으로 생각하거나 의심해서가 아니다. 그것은 아무런 악의 없는 그의 일격에서 벗어나기 위해서다. 인생에서도 이처럼 해야 한다. 즉 상대방을 조심해야 한다. 그렇게 함으로써 아무런 의혹도 악의도 없는 그들의 일격을 피할 수 있기 때문이다.

21

누군가가 나의 생각이나 행위가 옳지 않다는 것을 설명하고 증명해 준다면 기꺼이 고치리라. 나는 진리를 찾고 있으며 진리는 이제까지 누구도 해친 일이 없기 때문이다. 해를 입히는 것은 오히려 자기기만과 무지에 대한 고집이다.

22

나는 의무를 수행한다. 그 이외의 것은 결코 내 마음을 어지럽히지 않는다. 그런 것들은 생명이 없거나 이성이 없거나 제가 어디로 가고 있는지도 모르고 방황하는 것들이기 때문이다.

23

이성이 없는 동물과 생명이 없는 사물을 관대하고 너그럽게 대하라. 당신은 이성을 부여받았지만, 그것들은 그러지 못했기 때문이다. 이성을 지닌 인간은 동료 의식을 갖고 대하라. 모든 일에 신의 도움을 간구하라——그러나 기도하는 데 걸리는 시간에 너무 신경 쓰지 말라. 세 시간만으로 충분하다.

24

죽음에 있어서는 마케도니아의 알렉산더 대왕이나 그의 마부나 마찬가지다. 그들 모두 같은 우주의 창조적 이성 속에 흡수되었거나 똑같이 원자로 흩어져 버렸기 때문이다.

25

사람마다 내부에서 얼마나 많은 정신적, 육체적 일들이 동시에 일어나고 있는지 생각해 보라. 그러면 무한히 많은 사물, 즉 우주라고 하는 이 거대한 단일체 속에 생성되는 모든 것들이 동시에 존재할 수 있다는 데 놀라지 않을 것이다.

26

어떤 사람이 "안토니누스(Antoninus)의 철자가 어떻게 되는가?"라고 물으면 당신은 화가 나서 한 자 한 자 목청껏 외치겠는가? 그래서 그가 화를 내면 당신 역시 화를 내겠는가? 철자를 한 자 한 자 부드럽게 발음해 주지 않으려는가? 인생에서도 마찬가지다. 당신 인생의 모든 의무도 이와 같이 독립된 행위들의 결합임을 명심하라. 그러므로 당신에게 화를 내는 사람에게 화를 내지 말고 각각의 행위에 세심한 주의를 기울여라. 그렇게 당신에게 주어진 일들을 평온한 마음으로 질서 정연하게 완수하라.

27

마음에 들고 이익이 된다고 여기는 것을 추구할 권리를 빼앗는 것은 얼마나 잔혹한가! 그러나 다른 사람의 그릇된 행위에 대해 분개한다면 어떤 의미에서 당신은 그런 잔혹한 짓을 저지르는 것이다. 왜냐하면 그들은 자기 마음에 들고 자기에게 이익이 된다고 여기는 것에 몰두하고 있을 뿐이기 때문이다. 그들이 그르다고? 그렇다면 화를 내지 말고 그들이 그르다는 사실을 증명해 주라.

28

죽음이란 감각 기관을 통한 지각으로부터의 해방이며, 욕망의 끈

에 의해 꼭두각시처럼 조종되는 것으로부터의 해방이며, 정신의 방
황으로부터의 해방이며, 육체에 대한 봉사로부터의 해방이다.

29

삶의 여정에서 육체는 아직 지치지 않았는데 영혼이 먼저 지쳐 비
틀거린다는 것은 부끄러운 일이다.

30

지나치게 군주티를 내거나 군주 의식에 젖어 들지 않도록 주의
하라. 그런 일은 쉽게 일어난다. 항상 소박하고, 선량하고, 순결하
고, 진지하고, 꾸밈이 없도록 하라. 또한 정의를 사랑하고, 경건하
고, 친절하고, 관대하고, 온 마음을 다하여 당신의 의무를 수행하
라. 철학이 당신에게 요구하는 그런 사람이 되도록 늘 최선을 다하
라. 신을 공경하고 동료 인간들을 보호하라. 인생은 짧다. 이 지상
의 생활에서 수확할 수 있는 유일한 것은 내적으로는 당신 안의 신
성과 외적으로는 공공의 이익을 위한 행위뿐이다. 매사에 안토니누
스(Antoninus)[34]의 제자로서 행동하라. 이성을 따르는 행위에 대
한 열심, 어떤 경우에도 흔들림이 없는 침착성, 경건함, 온화한 모

---

34) 양부이며 선제(先帝)인 안토니누스 피우스(Antoninus Pius).

습, 친절한 태도, 허식 없는 예절, 사물을 올바로 이해하려는 열성을 배우라. 그는 어떤 일을 할 때 항상 철저히 검토하여 완전히 파악하고 나서야 행동에 옮겼고, 부당하게 자기를 비난하는 사람에 대해 대응하지 않고 묵묵히 참았으며, 결코 서두르는 일이 없었고, 남을 비방하는 말에 귀를 기울이지 않았다. 또한 사람의 성품과 행동을 판단함에 정확했고, 남을 비판하지 않았으며, 소문을 두려워하지 않았고, 조금도 남을 의심하거나 시기하지 않았으며, 궤변을 늘어놓지도 않았다. 그는 집, 잠자리, 옷, 식사 그리고 하인들이 변변치 않아도 만족했고 매우 근면했으며 인내심이 강했다. 일하기를 좋아하고 끼니때 말고는 아침부터 저녁까지 쉬지 않고 한 가지 일에 몰두할 정도로 정력적이었다. 우정은 한결같아 변함이 없었다. 자기 의견에 대한 공공연한 반대에 관대했으며 누가 더 훌륭한 의견을 내놓으면 기꺼이 받아들였다. 그는 신을 경외했지만, 미신에 빠져들지 않았다. 마지막 순간이 닥쳐오더라도 당신의 양심이 그의 양심처럼 될 수 있도록 이러한 모든 점을 본받아라.

31

자, 이제 깨어나 참된 자아로 돌아오라. 잠에서 깨어나라. 그리하여 당신을 괴롭힌 것이 꿈이었다는 사실을 깨달아라. 꿈속의 것을 보듯이 이제 깨어있는 눈에 비치는 참모습을 보라.

32

나는 육체와 영혼으로 이루어져 있다. 육체에는 모든 사물은 아무래도 상관없다. 왜냐하면 육체는 식별할 수 있는 능력이 없기 때문이다. 그리고 영혼에게 자신의 활동을 제외한 모든 것은 아무래도 상관없다. 영혼은 자신의 활동을 지배한다. 그중에서도 영혼이 관계하고 있는 것은 오직 현재의 활동뿐이다. 미래나 과거의 활동 그 자체는 현재와는 아무런 관계도 없기 때문이다.

33

발이 제 기능을 수행하고, 손이 제 기능을 수행하는 한 손과 발의 힘든 노동은 제 본질에 어긋나는 것이 아니다. 이와 마찬가지로 인간이 제 기능을 다하는 한 힘든 노동은 인간의 본질에 어긋나는 것이 아니다. 힘든 노동이 인간의 본질에 어긋나는 것이 아니라면 그것은 악이 아니다.

34

강도, 방탕한 자, 친족을 죽인 자, 그리고 폭군들은 도대체 어떤 쾌락을 즐겼던 것일까!

35

천박한 기술자는 어느 한계까지는 기술이 미숙한 고용주의 요구에 응하지만 제 기술의 원칙만은 고집하여 버리지 않는다는 사실을 주목하라. 만일 건축가나 의사가 신과 공유하고 있는 이성적 원칙을 존중하기보다 제 전문 기술의 원칙을 더 존중한다면 이는 두려운 일이 아닌가!

36

우주에서 아시아와 유럽은 극히 작은 구석에 불과하고, 오대양은 물 한 방울에 불과하며, 아토스(Athos)산은 먼지 더미에 불과하다. 그리고 이승의 생애는 영원 속에서는 하나의 점에 지나지 않는다. 모든 사물은 보잘것없고 변화하기 쉬우며 덧없이 사라져 간다.

만물은 직접적이든 부수적이든 우주의 최고 이성이라는 같은 근원으로부터 생겨나는 것이다. 심지어 사자의 떡 벌린 턱이나 사람을 죽이는 독이나 그 밖의 가시나 늪처럼 사람을 해치는 것조차도 고귀하고 아름다운 다른 어떤 것의 부수물이다. 그러므로 그런 것들을 당신이 존중하는 고귀하고 아름다운 것과는 전혀 이질적인 것으로 생각하지 말고, 만물의 공통된 근원인 저 우주의 최고 이성에 생각을 집중하라.

37

현존 사물을 보는 것은 태초 이래 존재해 온 모든 사물을 보는 것이며 또한 영원한 미래에 존재하게 될 모든 사물을 보는 것이다. 만물은 같은 근원으로부터 나오며 같은 형태를 하고 있기 때문이다.

38

우주 만물은 서로 연결되고 관련되어 있음을 자주 생각하라. 모든 사물은 서로 짜여 있어 우호 관계로 연결되어 있다. 즉 그들 사이에 작용하는 장력으로 인해, 그들 모두에게서 숨 쉬고 있는 공통된 정신으로 인해, 그리고 모든 존재의 단일성으로 인해 서로를 따르는 것이다.

39

주어진 환경에 자신을 적응시켜라. 그리고 운명이 당신 주위에 둘러놓은 동료 인간들에게 참된 사랑을 베풀어라.

40

연장이나 기구나 용기는 만들어진 목적을 이루기만 하면 그것을 만들어 낸 사람이 없어도 상관없다. 그러나 자연에 의해 조직적으

124 아우렐리우스 명상록

로 결합한 사물들의 경우에는 그것을 만들어 낸 힘이 여전히 그 속에 머물러 있다. 그러므로 당신은 그 힘을 더욱더 존중해야 한다. 일생을 통해 그 힘의 뜻에 따라 행동하고 살아간다면 모든 것이 당신의 이성을 만족시킬 것이라는 사실을 믿어라. 우주도 마찬가지로 모든 사물이 우주의 이성을 만족시키는 것이다.

41

자신의 힘이 미치지 못하는 어떤 것을 선하거나 악한 것으로 여긴다면 그 선을 잃거나 악을 만난 것에 대해 신을 원망하고, 실패와 불행의 원인 또는 원인이라고 여겨지는 사람을 증오할 것이다. 실제로 우리는 이러한 것들을 중요하게 여김으로써 많은 잘못을 저지른다.

그러나 우리의 힘이 미치는 것들에 대해서만 선악을 판단한다면 신을 원망하거나 다른 사람을 적으로 대할 이유가 없는 것이다.

42

우리는 모두 하나의 목적을 위해 함께 일하고 있다. 어떤 사람은 그 사실을 알고 목적의식을 갖고 일하고 있으며, 또 어떤 사람은 '인간은 잠자면서도 일하고 있으며, 우주의 진행 가운데 자기의 몫을 하는 것이다'라는 헤라클레이토스의 말마따나 그 사실을 전혀 모르는 상태에서 일하고 있다. 사람은 각기 나름대로 우주의 진행에 기여하고 있으며, 심지어 일어나는 일들을 방해하고 파괴하려는 자조차도 자신의 의도와는 무관하게 우주의 진행에 이바지한다. 우주는 그러한 자들까지도 필요로 하는 것이다. 그러므로 당신에게는 어느 쪽을 택할 것인가 하는 문제만 남아 있다. 어느 쪽을 택하든 만물을 다스리는 이성은 당신을 이용할 것이며 자신의 협조자들 속에 당신 자리를 만들어 줄 것이다. 그러나 크리시푸스(Chrysippus)의 말처럼 무대 위의 어릿광대와 같은 천박하고 우스꽝스러운 역할은 맡지 않도록 하라.

43

태양의 신이 비의 신의 역할을 하려 하겠는가? 아스클레피우스(Asclepius)가 데메테르(Demeter)[35]의 역할을 하려 하겠는가? 또 각각의 별들은 어떠한가? 그들은 저마다 다르지만 같은 목적을 위해 협력하고 있지 않은가?

44

만일 신이 나와 내게 일어날 일에 대해 함께 협의하여 나를 위

---

35) 수확의 여신.

해 계획을 세워 놓았다면 그것은 분명 좋은 계획일 것이다. 왜냐하면 신이 나쁜 계획을 협의하리라고는 생각조차 할 수 없기 때문이다. 신이 나를 해칠 계획을 꾸밀 이유가 어디 있겠는가? 나를 해친다고 해서 신에게 혹은 신이 가장 관심을 기울이는 우주에 무슨 이익이 있겠는가?

신이 특별히 나를 위한 계획은 세워 놓지 않았다 하더라도 적어도 우주를 위해서는 훌륭한 계획을 세워 놓았을 것이다. 그러니 그 계획의 결과로 내게 일어나는 모든 일을 기꺼이 받아들이고 사랑해야 한다.

그러나 만일 신이 아무런 계획도 세워 놓지 않았다면——그렇게 믿는 것은 불경스러운 일이지만——우리는 신에게 제물을 바친다든지, 기도한다든지, 맹세한다든지, 혹은 신은 존재하며 우리 사이에 살아 있다는 것을 인정하기에 행하는 모든 행위를 더 이상 할 필요가 없는 것이다. 그러나 그것이 사실이라 하더라도, 즉 신이 인간을 위해 특별히 계획을 세워 놓지 않았다 하더라도 나는 나 자신을 위해 계획을 세울 수도 있고 이익을 도모할 수도 있다. 그런데 모든 존재의 이익은 자신의 본성과 본질을 따르는 데 있다. 나의 본성은 이성적이며 사회적이다. 즉 마르쿠스(Marcus)로서 나에게 나의 도시와 국가는 로마이며, 인간으로서 나에게 나의 도시와 국가는 우주인 것이다. 그러므로 이들 사회에 유익한 것만이 내게 유익한 것이다.

45

각자에게 일어나는 모든 일들은 전체의 이익을 위한 것이다. 이 사실을 아는 것만으로도 충분하다. 그러나 좀 더 주의 깊게 살펴보면 한 사람에게 이익이 되는 것은 다른 사람에게도 이익이 된다는 일반적인 원칙을 발견할 수 있을 것이다. (여기서 '이익'이라는 말은 도덕과 관계없는 것들도 아우르는 더욱 일반적인 의미로 받아들여야 한다.)

46

원형 경기장 같은 곳에서 행해지는 경기는 매번 똑같은 것만을 보여 주기 때문에 싫증을 일으키며 그 단조로움에 지루함을 느낀다. 이런 느낌을 당신은 인생 전반에 대해서도 느낄 것이다. 오르막길에서든 내리막길에서든 항상 같은 것들을 만나고 같은 것을 연출한다. 얼마나 더 오랫동안……?

47

죽음은 어떤 부류의 사람에게나 어떤 일에 종사하는 사람에게나 어떤 종족에게나, 심지어 필리스티온(Philistion), 포에부스(Phoebus), 오리가니온(Origanion)에게도 찾아왔음을 늘 기억하라. 가까운 시기의 사람들로부터 옛적 사람들에게로 눈을 돌려 보

라. 그토록 많던 위대한 웅변가와 헤라클레이토스, 피타고라스, 소크라테스와 같이 존경받았던 수많은 현자, 옛 영웅들, 그 후의 장군과 제왕들, 에우독수스(Eudoxus)[36]나, 히파르쿠스(Hipparchus)[37], 아르키메데스(Archimedes) 같은 수많은 지자(智者)들, 숭고한 정신을 지녔던 사상가들, 불굴의 지사들, 수완 좋은 사람들, 의욕에 찬 사람들, 그리고 메니푸스(Menippus)[38]와 그의 제자들처럼 인생의 덧없음과 짧음을 조소했던 많은 사람은 이미 오래 전부터 무덤 속에 누워 있다. 지금 무덤 속에 누워 있는 사실이 그들에게 무엇이 나쁜가?——더구나 이름이 잊혔다고 무엇이 나쁜가? 이 세상 삶에서 가치 있는 것은 오직 한 가지다. 그것은 진실하지 못하고 정의롭지 못한 사람에게도 관대하게 대하고 진리와 정의 안에서 살아가는 것이다.

48

정신의 활력을 얻고자 할 때는 주위 사람들의 미덕을 생각하라. 이 사람에게서는 정력적인 점을, 저 사람에게서는 훌륭한 정신을, 또 다른 사람에게서는 관대함을…….

---

36) 플라톤의 제자이며 수학자.
37) 프톨레마이오스(Ptolemaios) 왕조 시대의 수학자.
38) 견유학파의 철학자.

실의에서 벗어나는 데는 주위 사람들의 성품 속에 들어 있는——마음껏 발휘되고 있는——여러 가지 미덕의 표본을 보는 것보다 더 훌륭한 치료법이 없다. 그러므로 항상 그들의 미덕을 바라보라.

49

체중이 3백 파운드가 안 나간다고 한탄하겠는가? 그렇지 않다면 더 오래 살지 못하고 당신의 수명밖에 살지 못하는 것을 한탄할 이유가 무엇인가? 당신에게 할당된 육체의 크기에 만족하는 것처럼 할당된 시간의 길이에 만족하라.

50

설득하여 사람의 마음을 움직여라. 그러나 정의의 이성적 원칙이 그들의 의지에 대항하라고 하면 그 지시를 따르라. 그러나 누군가 강압적으로 당신을 가로막고 방해한다면 괴로워하지 말고 스스로 물러나 그 장애물을 어떤 다른 미덕을 쌓는 기회로 삼아라. 당신의 시도는 잠정적으로 유보된 것이며, 당신이 불가능한 것을 목표로 했던 것은 아니라는 사실을 명심하라. 그렇다면 그 목표는 무엇인가? 그것은 시도해 보는 것, 그 자체였다. 그 점에 있어서 당신은 성공한 것이며, 동시에 그것을 시도하게 한 당신 내부의 필요불가결한 생존 조건들도 실현된 것이다.

51

명예를 추구하는 사람은 다른 사람의 행위에서 자기 행복을 찾으며, 쾌락을 추구하는 사람은 자기 감각에서 행복을 찾는다. 그러나 지혜로운 사람은 자신의 행위에서 행복을 찾는다.

52

눈앞에 있는 어떤 사물도 특정한 견해를 갖도록 강요하지 않으며 마음을 교란하지도 않는다. 사물 그 자체는 본질적으로 당신의 판단을 강요할 힘을 갖고 있지 않기 때문이다.

53

다른 사람의 말을 주의 깊게 듣는 습관을 길러라. 그리고 말하는 사람의 진심을 이해하도록 최선을 다하라.

54

벌집에 이롭지 못한 것은 벌에게도 이롭지 못하다.

55

선원이 선장을 비방하고, 환자가 의사를 욕한다면 누구에게 귀를 기울일 수 있겠는가? 또 그럴 사람이 있다고 하더라도 그가 어떻게 승객의 안전과 환자의 건강을 보장할 수 있겠는가?

56

나와 함께 이 세상에 태어난 사람 중 얼마나 많은 이가 이미 사라져 버렸는가!

57

황달 병에 걸린 사람에게는 꿀이 쓰고, 미친개에게 물린 사람에게는 물이 공포의 대상이다. 그런데 내가 왜 그들에게 화를 내는가? 그릇된 생각이 자신에게 주는 해독이, 담즙이 황달 병 환자에게 주는 해독이나 바이러스가 광견병 환자에게 주는 해독보다 덜하다고 할 수 있겠는가?

58

당신이 본성의 법칙에 따라 살아가는 것을 방해할 수 있는 사람은 아무도 없다. 우주의 법칙에 어긋나는 일은 결코 당신에게 일어나지 않을 것이다.

59

쾌락을 추구하는 인간은 얼마나 가련한 존재인가! 그들이 추구하는 목적과 사용하는 수단은 얼마나 저열한 것인가! 시간은 모든 것을 얼마나 빨리 감춰 버리는가! 시간은 얼마나 많은 것들을 이미 감춰 버렸는가?

제7권

1

악(惡)이란 무엇인가? 그것은 당신이 이제까지 수없이 보아 온 것이다. 일어나는 일마다 자주 보아 온 것이라는 사실을 기억하라. 어디서나 똑같은 것들밖에는 발견하지 못할 것이기 때문이다. 모든 역사의 페이지는, 즉 고대나 중세나 현재나 똑같은 것들로 가득 차 있으며 우리의 도시와 가정 또한 똑같은 것들로 가득 차 있다. 새로운 것은 전혀 없고 모두가 눈에 익은 것들이며 잠깐 존재할 뿐이다.

2

원칙은 그것에 대한 관념이 소멸하지 않는 한 생명력을 잃지 않는다. 그리고 그러한 관념을 끊임없이 새로운 불꽃으로 타오르게 하는 것은 오직 당신에게 달려 있다. 나는 사물에 대해 올바른 관념을 가질 수 있다. 이 능력이 있는 한 내 마음을 교란하는 것은 아무것도 없다. 마음속에 있지 않은 것은 마음에 아무런 영향도 주지 못한다. 이 사실을 배우라. 그리고 똑바로 일어서라. 새로운 생활을 할 수 있을 것이다. 사물을 다시 한번 예전의 눈으로 바라보라. 삶이 새로워질 것이다.

3

영화에 대한 헛된 추구, 무대 위의 연극, 양 떼와 소 떼, 창 싸움, 강아지에게 던져진 뼈, 연못 물고기에게 던져진 빵 부스러기, 무거운 짐을 지고 힘겹게 일하는 개미, 겁먹고 허둥지둥하는 쥐, 끈에 매달려 조종되는 인형——이런 가운데서도 경멸감을 버리고 늘 온화한 태도를 지녀야 한다. 다만 각 인간의 차이는 기껏해야 그 사람이 추구하는 대상의 가치 차이라는 것을 명심하라.

4

대화할 때는 모든 말에 주의를 기울여야 하며, 행동할 때는 모든 행위에 주의를 기울여야 한다. 행위의 경우에는 목적이 무엇인가를 간파해야 하며, 말의 경우에는 그 의미가 무엇인가를 명백히 알아야 한다.

5

내 마음이 이 일을 감당해 낼 수 있을까? 그럴 수 있다면 나는 자연으로부터 부여받은 연장을 쓰듯이 그 일을 위해 마음을 쓰리라. 그러나 감당해 낼 수 없다면——어떤 의미에서 그것이 나의 의무가 아니라면——나는 그 일을 성취할 수 있는 더욱 재능 있는 사람에게 양보하거나 아니면 사회에 유익한 일을 할 수 있도록 나의 이성을 도와주고자 하는 사람의 도움을 받아 할 수 있는 최선을 다할 것이다. 혼자 하든 다른 사람과 함께 하든 내가 하는 일은 모두 사회에 유익하고 적합한 것만을 목표로 해야 하기 때문이다.

6

한때 그토록 높이 찬양받던 사람들이 얼마나 많이 이제 망각 속으로 사라져 버렸는가! 그리고 그들을 찬양했던 사람들도 얼마나 많이 우리의 시야에서 사라져 버렸는가!

7

다른 사람의 도움을 받는 것을 부끄럽게 생각하지 말라. 당신이 해야 할 일은 마치 성벽을 돌파하려는 병사와 같이 주어진 의무를 완수하는 것이기 때문이다. 당신이 절름발이여서 혼자 힘으로는 성벽을 기어오를 수 없지만 다른 사람의 도움으로 올라갈 수 있다면 어찌하겠는가?

8

미래의 일로 마음을 어지럽히지 말라. 당신이 필연적으로 그 일을 만나게 된다고 하더라도 현재 사용하고 있는 이성이라는 바로 그 무기로써 맞설 수 있을 것이다.

9

만물은 서로 짜여 있다. 어떤 신성한 결합력이 그들을 한데 묶고 있는 것이다. 다른 것과 아무 관계도 없이 홀로 고립된 것은 없다. 모든 것이 서로 화합을 이루며 하나의 질서 정연한 우주를 형성하는 데 이바지하고 있다. 우주는 모든 사물로 이루어진 하나의 통일체다. 즉 만물을 지배하는 신과 모든 존재, 모든 법칙(사유 능력을 지닌 존재들 공통의 이성)은 하나다. 그리고 우리가 믿고 있는 바와 같이, 같은 종류의 같은 이성을 지닌 존재들이 완성에 이르는 길이 오직 하나밖에 존재할 수 없다면 모든 진리 또한 하나이다.

10

모든 물질적인 것은 순식간에 우주의 본질 속으로 사라져 버리고, 모든 원인은 순식간에 우주의 이성 속으로 환원되며, 모든 기억은 순식간에 영원의 심연 속에 흡수되어 버린다.

11

이성적 존재에게 자연을 따르는 행위는 곧 이성을 따르는 행위다.

12

자신의 힘으로 곧추 일어설 것인가, 아니면 다른 사람에 의해 일
으켜 세워질 것인가?

13

여러 가지 요소로 이루어진 하나의 조직체에서 이성을 지닌 존
재들은 하나의 통일체인 신체의 팔다리와 같은 역할을 한다. 그들
은 서로 협력하도록 만들어졌기 때문이다. 끊임없이 자신에게 "나
는 이성적 존재들로 이루어진 하나의 유기체의 팔이다"라고 말한다
면 그러한 생각은 당신에게 더욱 큰 감동을 줄 것이다. 그러나 "나
는 한 부분에 지나지 않는다"라고 말한다면 당신은 아직 진심으로
인간을 사랑하는 것이 아니며 선을 베푸는 행위 속에서 기쁨을 느
끼지 못하는 것이다. 당신은 다만 의무로서 그것을 행할 뿐 자신에
대한 선행으로서 하는 것이 아니다.

14

외부적인 일로 해를 입을 수 있는 사람들에게 어떤 외부적인 일
이 일어나더라도 내버려 두라. 그런 사람들은 그 일에 대해 불평할
지도 모른다. 스스로 그런 일을 나쁜 일이라고 생각하지 않는 한 나
는 아무런 해도 입지 않는다. 그리고 그런 일을 나쁜 일이라고 생각

하도록 내게 강요할 수 있는 것은 아무것도 없다.

15

"누가 무슨 말을 하든 어떤 행동을 하든 나는 선해야 한다." 이 말은 황금이나 에메랄드가 "누가 무슨 말을 하든 어떤 행동을 하든 나는 황금(또는 에메랄드)이며 나의 고유한 색채를 지니고 있어야 한다"라고 말하는 것과 같다.

16

우리를 지배하는 이성은 결코 자신을 교란하는 일이 없다. 즉 자신을 두렵게 하거나 욕망으로 유혹하는 일이 없다. 만일 누군가 그 이성을 두렵게 하거나 고통을 줄 수 있다면 그렇게 해보라 하라. 이성은 자기 이해력이 그런 길로 잘못 인도되는 것을 결코 허용하지 않는다.

가능한 한 육체가 고통을 당하지 않도록 조심하라. 만일 육체가 고통을 당하고 있으면 육체가 말하게 하라. 그러나 두려움과 고통을 느낄 수 있는 유일한 부분인 영혼은 조금도 해를 입지 않는다. 왜냐하면 두려움과 고통은 영혼의 판단에 따라 생겨나기도 그렇지 않기도 하기 때문이다. 우리를 지배하는 이성 그 자체는 스스로 요구를 만들어 내지 않는 한 아무것도 필요로 하지 않는, 말하자면 충족 상태에 있다. 따라서 이성은 자신을 괴롭히거나 속박하지 않는 한 괴로움을 당하거나 속박당하지 않는 것이다.

17

행복이란 어원적으로 '내부의 선한 신'이라는 의미다.[39] 즉 선한 이성을 의미한다. 그런데 헛된 망상이여, 너는 어찌하여 그런 짓을 하고 있는가? 제발 사라져라, 네가 올 때처럼. 나는 너를 필요로 하지 않는다. 너를 내게로 데리고 온 것은 나의 오랜 습관이었다. 그러므로 나는 네게 악의를 품고 있지 않다. 그러니 사라져라.

18

우리는 변화를 두려워한다. 그러나 변화 없이 생겨날 수 있는 것이 있는가? 변화보다 더 자연의 본질에 속하고, 더 소중한 것이 무엇인가? 장작이 어떤 변화를 거치지 않는다면 당신이 더운물로 목욕을 할 수 있겠는가? 음식물이 변화하지 않는다면 영양을 섭취할 수 있겠는가? 그밖에 필요한 어떤 일이 변화 없이 이루어질 수 있는가? 당신 자신의 변화도 이와 같은 것이며 자연에 필요한 것임을 모르는가?

---

39) '행복'은 그리스어로 신성한 존재이다.

19

모든 물체는 격류에 휩쓸려 떠내려가듯이 우주의 본질에 휩쓸려 떠내려간다. 마치 신체의 각 부분이 그렇듯 전체에 결합하여 서로 협력하면서. 얼마나 많은 크리시푸스와 소크라테스와 에픽테토스 같은 사람들을 시간이 삼켜 버렸는가! 누구든 무엇에 대해서든 이 사실을 기억하라.

20

내가 걱정하는 것은 오직 한 가지다. 나 자신이 인간의 본성이 허락하지 않는 일을 하지나 않을까, 인간의 본성이 허락하지 않는 방법으로 하지나 않을까, 앞으로 언젠가 금지된 일을 하지나 않을까 하는 것이다.

21

머지않아 당신은 모든 것을 잊을 것이며 모든 것 또한 당신을 잊을 것이다.

22

잘못을 저지르는 사람과 그릇된 길로 가는 사람까지도 사랑할 수 있는 것은 인간만이 가지고 있는 특성이다. 당신이 그런 사람도 당신의 형제이며 무지해서 본의 아니게 잘못을 저질렀음을 헤아린다면, 그리고 머지않아 당신도 그들도 모두 사라질 것이라는 사실을 떠올린다면, 또 무엇보다 당신이 아무런 해도 입지 않았다는 사실을 생각한다면——당신의 이성을 나쁘게 만들지는 않았으므로——그런 사람들도 사랑할 수 있을 것이다.

23

마치 밀랍으로 형상을 빚듯이 우주의 본질은 우주의 물질로 말〔馬〕을 만들었다가는 곧 그 말을 부수어 나무를 만들고 다시 그 나무를 부수어 사람을 만들며 다시 그 사람을 부수어 다른 것을 만든다. 이렇게 만물은 극히 짧은 기간 존속하는 것이다. 그릇에는 만들어지는 것이 두렵지 않은 것처럼 부수어지는 것 또한 조금도 두려운 일이 아니다.

24

얼굴에 분노를 나타냄은 자연에 어긋나는 일이다. 자주 그런 얼굴을 하면 아름다운 모습은 시들고 스러져 마침내 다시 소생시킬 수 없게 된다. 그러므로 그것은 이성에 어긋나는 일이라는 것을 깨닫도록 노력하라. 우리가 잘못을 깨닫는 능력을 잃는다면 계속해서 살아갈 이유가 어디 있겠는가?

25

우주를 지배하는 자연은 당신이 보고 있는 모든 것을 순식간에 변화시켜 다른 새로운 것으로 만들고 다시 그것을 변화시켜 또 다른 새로운 것을 만든다. 그리하여 우주는 항상 젊음과 활기를 유지하는 것이다.

26

어떤 사람이 당신에게 악을 저지를 때에는 먼저 선악에 대한 그의 어떤 관념이 그런 행위를 일으켰는지를 생각하라. 그것을 깨닫는다면 그에 대한 놀라움과 분노는 동정으로 바뀔 것이다. 당신 또한 선에 대해 그와 같거나 비슷한 관념을 가지고 있기 때문이다. 그러므로 당신은 그를 용서해야 한다. 당신이 선악에 대해 더욱 높은 관념을 가지고 있다면 그릇된 관념을 가지고 있는 사람에게 너그럽게 대하기가 그만큼 쉬울 것이다.

27

가지지 않은 것을 가졌다고 착각하지 말고 가지고 있는 것 중에서 가장 축복받은 것을 생각하라. 그것이 없었으면 얼마나 갈망했을 것인가를 상기하고 감사히 여겨라. 그러나 그것을 즐기다 못해 너무 중히 여겨 그것이 없어졌다고 마음의 평정을 잃는 일이 없도록 주의하라.

28

자기 내면에 침잠하라. 당신을 지배하는 이성은 당신이 올바르게 행동하고 그로써 평온을 얻기만을 요구한다.

29

모든 망상을 버려라. 감정의 꼭두각시가 되지 말라. 시간을 현재로 제한하라. 당신 자신이나 혹은 다른 사람들에게 일어나고 있는 모든 것을 인식하라. 감각이 느끼는 모든 것들을 그 원인과 본질로 구별하고 분석하라. 당신의 마지막 순간을 생각하라. 다른 사람이 저지른 잘못은 그에게 머물러 있게 내버려 두라.

30

다른 사람이 하는 말에 온 주의를 기울여라. 당신의 마음을 그의 행위와 마음에 넣어라.

31

　소박함과 자중, 그리고 미덕과 악덕 사이의 모든 것들에 대한 무관심 속에서 기쁨을 찾아라. 인류를 사랑하라. 신성(神聖)에 따르라. "모든 사물은 법칙에 따른다"라고 어느 현자[40]는 말했다. 비록 그가 원소들에 대해서 그런 말을 했다 하더라도 실로 만물은 법칙에 따른다는 것을 기억하기만 하면 그것으로 우리에게는 충분하다. 간결한 말이지만 그것으로 충분한 것이다.

32

　죽음에 대하여——우리가 원자들의 결합체라면 죽음은 분산이며, 개체라면 죽음은 소멸이거나 변화이다.

33

　고통에 대하여——견딜 수 없는 고통이라면 죽음을 가져다줄 것이며, 오랫동안 지속되는 고통이라면 견딜 수 있는 것이다. 정신은 자신에게 침잠함으로써 평온을 유지하며, 우리를 지배하는 이성은 고통으로 손상되지 않는다. 고통에 따라 손상된 부분이 손상되었음을 증명하게 하라, 그것이 가능하다면.

---

40) 데모크리토스를 가리킴.
41) 소크라테스의 제자이며 견유학파의 창시자.

34

명성에 대하여——명성을 추구하는 자들의 정신이 갈망하는 것이 어떤 것들이며, 혐오하는 것들은 또 어떤 것들인가를 살펴보라. 마치 모래가 먼저 있던 모래를 덮어 버리듯, 인생에서도 먼저 있던 것들은 뒤에 오는 것들에 의해 순식간에 덮여 버리는 것이다.

35

"모든 시간과 존재를 관조할 수 있는 위대한 영혼을 지닌 사람이 인생을 매우 중요시할 것으로 생각하는가?" "결코 그렇지 않을 것이다." 그가 말했다. "그렇다면 그런 사람이 죽음은 두려워할 것인가?" "조금도 두렵게 여기지 않을 것이다"(플라톤의 《공화국》에서).

36

"선행을 하고도 비난을 받는 것이 왕의 운명이다"(안티스테네스). [41]

37

겉으로는 이성의 지시에 기꺼이 복종하는 듯한 표정을 지으면서, 속으로는 마지못해 응하는 것은 부끄러운 일이다.

38

"사물에 대해 화를 내지 말라. 사물은 당신의 분노를 마음에 두지 않는다."[42]

39

"불멸의 신과 우리에게 기쁨을 주기를!"

40

"무르익은 곡식의 이삭처럼 인생은 거두어들이는 것이다. 어떤 것은 그대로 남아 있고, 또 어떤 것은 베어진다."[43]

41

"만일 나와 두 아들이 신으로부터 버림을 받는다면 거기에는 그럴 만한 이유가 있는 것이다."[44]

---

42)~45) 유리피데스의 말을 인용한 것.

42

"선과 정의는 모두 나의 편이다."[45)

43

"탄식하는 자들과 더불어 탄식하지 말고, 흥분한 자들과 더불어 흥분하지 말라."

44

나는 그에게 올바른 대답을 해야 할 것이다. "친구여, 당신이 가치 있는 사람이라면 생사의 위험을 저울질하면서 일생을 보내야 한다고 생각하는 것은 잘못이다. 어떤 행위를 할 때 고려해야 할 것은 오직 그 행위가 옳은 것인가 그른 것인가, 선한 사람으로 행동하는가 악한 사람으로 행동하는가 하는 것뿐이다"(플라톤의 《변명》에서).

45

"아테네인들이여, 사실은 이러하다. 좋다고 생각해서 스스로 택했든 지배자의 명령에 의해서든 어떤 위치에 있게 되면 그는 죽음이나 수치스러운 도피에 대해 생각하지 말고 그곳에 머물러 위험을 무릅써야 한다고 생각한다"(플라톤의 《변명》에서).

46

"그러나 친구여, 고귀함과 선이 자기 자신과 친구들을 위험으로 부터 보호하는 것과 다른 일인가를 생각해 보게. 진정한 인간이라면 어떻게 해서라도 삶에 매달리려 하는 태도를 버리고, 얼마나 오랫동안 살 수 있을까 하는 문제를 마음속에서 추방해야 하네. 생명에 집착해서는 안 되네. 그런 일은 신의 뜻에 맡겨야 하네. 자신의 숙명은 아무도 피할 수 없다는 여자들의 말은 옳은 것일세. 그러므로 어떻게 하면 자신에게 주어진 삶을 가장 훌륭하게 살 수 있을까 하는 문제에 전념해야 하네"(플라톤의 《고르기아스》에서).

47

당신 자신이 별들과 함께 궤도를 운행하고 있다고 생각하고 그 운행을 바라보라. 변화하고 또 변화하는 원소들의 윤무(輪舞)를 때때로 마음속에 그려 보라. 그러한 생각들은 지상 생활의 더러움을 말끔히 씻어 준다.

48

"인간에 대해 말하고자 할 때는 사물을 높은 곳에서 아래로 내려다보듯이 바라봐야 한다"라는 플라톤의 말은 참으로 훌륭하다. 평화나 전쟁을 위한 인간들의 모임. 군대, 농업, 결혼, 이혼, 출생, 죽음, 법정 소란, 사막, 여러 종족, 축제, 탄식, 시장, 그리고 대조를 이루며 나타나는 전체의 조화와 질서.

49

흥하기도 하고 망하기도 했던 수많은 제국의 변화와 함께 과거를 돌이켜보라. 그러면 미래 또한 예견할 수 있다. 미래는 철두철미하게 과거와 똑같을 것이다. 미래는 끊임없이 진행하는 창조의 행진을 멈추게 할 수는 없기 때문이다. 그러므로 인생을 40년 동안 맛보든 4만 년 동안 맛보든 마찬가지다. 더 이상 무엇을 볼 수 있겠는가?

50

'흙에서 생겨난 것은 흙으로 돌아가고, 하늘의 씨앗에서 성장한 것은 창공으로 되돌아간다.'[46] 이것은 함께 결합하여 있는 원자들의 분해이며, 감각이 없는 원소들의 분산이다.

51

음식과 술과 마술의 힘으로

운명의 흐름을 바꾸어

죽음을 피하려 하는가?

신으로부터 어떤 바람이 불어오든

우리는 불평하지 말고

노를 저어 가야 한다. [47]

52

'시합에는 뛰어난 재능이 있음'이 틀림없다[48]——그러나 공익을
위한 정신, 겸손함, 운명에 순종함, 혹은 그릇된 이웃에 대한 관대
함에는 그렇지 못하다.

53

어떤 일을 할 때 신과 인간에게 공통된 이성에 따라 행한다면 아

---

46)~47) 유리피데스에서 인용.
48) 플루타르크로부터의 인용. 한 젊은 스파르타인이 운동 시합에서 상대에게 패하자 어떤 사람이
　　그에게 "당신의 상대가 당신보다 더 훌륭하다"라고 말한 데 대해 그 젊은이는 "그는 시합에 있
　　어서는 나보다 훌륭하다"라고 대답했다.

무엇도 두려워할 것이 없다. 인간의 본성에 일치하는 올바른 활동으로 이익이 얻어질 수 있다면 아무런 해도 입지 않을 것이다.

54

일어나는 일을 경건한 마음으로 받아들이고, 만나는 사람들을 정의롭게 대하고, 완전히 파악하지 못한 것은 일체 마음속으로 잠입해 들어오지 못하도록 모든 느낌에 세심한 주의를 기울이는 것, 그것은 언제 어디서나 당신의 능력에 속해 있는 일이다.

55

다른 사람의 이성을 곁눈질하지 말고, 자연이 인도하는 당신의 목표만을 응시하라──즉 당신에게 일어나는 일로써 계시하는 우주의 본질과 해야 할 일들을 통해 자신의 본질에 주의를 기울여라. 인간은 자신의 본성과 일치하는 행위를 해야 한다. 왜냐하면 하등 존재들이 고등 존재들을 위해 만들어진 것과 마찬가지로 인간의 다른 부분들은 이성적 부분을 위해 만들어졌으며 이성적 존재들은 서로를 위해 만들어졌기 때문이다. 그러므로 인간의 본성 중 가장 중요한 것은 사회에 대한 의무이며, 다음으로 중요한 것은 육체적 욕구를 물리치는 것이다. 자신의 활동 주위에 울타리를 쳐서 감각이나 욕망에 압도되지 않는 것은 이성과 지성의 특성이다. 감각과 욕망은 모두 동물적이지만 지성의 활동은 우월하기를 원하며 결코 다른 것들에 압도되기를 원치 않는다. 그것은 당연하다. 지성은 자연에 의해 다른 모든 것들을 이용하도록 만들어졌기 때문이다. 그리고 이성적 존재의 본성 중 그다음으로 중요한 것은 무분별하지 않고 기만하지 않는다는 것이다. 당신의 이성이 이 세 가지 원칙을 굳게 지켜 바르게 길을 가도록 하라. 그러면 당신의 이성은 제 기능을 다하는 것이다.

56

당신은 이미 죽었고 인생은 끝났다고 생각하라. 그리고 지금부터는 당신에게 주어질지도 모르는 미래를 덤으로 생각하고 자연에 따라 살아가라.

57

운명이라는 옷감으로 짜여 당신에게 나타나는 것만을 사랑하라. 당신에게 그것보다 더 적합한 것이 있겠는가?

58

어떤 곤경에 처할 때 그와 같은 곤경을 당해 화를 내고 놀라고 비난했던 사람들을 상기하라. 그들은 지금 어디에 있는가? 아무 데도 없다. 그런데 어찌하여 당신은 그들이 했던 것과 똑같이 하려고 하는가? 다른 사람들의 태도는 그들을 지배하는 주인에게 맡겨 두라. 그리고 곤경을 어떻게 선용할 것인가에 전념하라. 그러면 이런 곤경들은 선용 정도를 넘어 수양을 위한 좋은 소재가 될 것이다. 모든 행동이 당신 자신에게 정당한지 주의를 기울이고, 또 그렇게 되기를 염원하라. 그리고 중요한 것은 행위를 유발한 환경이 아니라 행위 바로 그것이라는 사실을 명심하라.

59

당신의 내면으로 파고 들어가라. 그곳에는 선(善)의 샘이 있다. 부단히 파고 들어가라. 샘은 끝없이 솟아오를 것이다.

60

몸가짐 또한 견실하게 하라. 일할 때나 쉴 때나 비뚤어짐이 없어야 한다. 지혜로움과 우아함을 간직한 마음이 얼굴에 그대로 나타나듯이 육체도 이와 같은 자제가 요구되는 것이다. 이러한 모든 것은 아무런 허식 없이 행해져야 한다.

61

삶의 기술은 춤보다는 씨름과 비슷하다. 삶 또한 예기치 않은 공격에 대해 굳건하고도 조심스러운 자세를 요구하기 때문이다.

62

당신이 인정받고 싶어 하는 사람들이 어떤 성품을 갖고 있으며, 그들을 지배하는 이성의 본질이 어떤 종류의 것인가를 숙고하라. 그들의 견해와 욕망의 근원을 살펴보라. 그러면 어떤 불쾌한 모욕을 당하건 비난하지도 인정받고 싶다고 생각하지도 않게 될 것이다.

63

"기꺼이 진리를 빼앗기고자 하는 영혼은 없다."[49]는 말이 있다. 마찬가지로 정의와 자제, 친절함 같은 미덕을 기꺼이 빼앗기고자 하는 영혼 또한 없다. 이 말을 항상 기억하라. 그러면 모든 사람을 보다 온화하게 대할 수 있을 것이다.

---

49) 에픽테토스의 말.

64

고통을 당하는 것은 부끄러운 일이 아니며 이성에 아무런 해도 주지 않는다는 것을 명심하라. 당신을 지배하는 이성은 이성적인 면에서나 사회적인 면에서나 결코 고통으로 손상되지 않기 때문이다. 대부분은 "고통에는 한계가 있으며 과장하지 않는 한 참을 수 없는 고통도 없고 영원히 계속되는 고통도 없다"라는 에피쿠로스의 말이 도움이 될 것이다. 또한 졸음, 더위, 식욕상실과 당신이 깨닫지 못하는 많은 불쾌한 것들로 무기력해질 때는 자신에게 이렇게 말하라. "너는 고통에 굴복하고 있다."

65

비인간적인 사람들이 다른 사람들에 대해 품고 있는 감정을 그들에 대해 품지 말라.

66

텔라우게스(Telauges)가 소크라테스보다 훌륭하지 못했다는 것을 어떻게 아는가? 소크라테스가 더 영예롭게 죽었다든지, 소피스트들과 더욱 능숙하게 논쟁했다든지, 살을 에는 듯한 추위에 밖에서 밤을 보내면서도 아주 대담했다든지, 살라미스(Salamis) 사람인 레온(Leon)을 체포하라는 명령을 용감하게 거부했다든지(사실인지 아닌지 의심스러운 일이지만), 위풍당당하게 거리를 활보했다든지 따위로는 충분치 않다. 우리가 살펴야 할 것은 그 영혼의 본질, 즉 어떤 영혼을 소유하고 있었는가 하는 점이다. 그가 사람에 대한 정의나 신에 대한 경건함 속에서 만족을 느낄 수 있었는지, 다른 사람들의 악의에 대해 화를 내지 않고 그들의 무지에 굴복하지 않는 것에서 만족을 느낄 수 있었는지, 자기 운명의 일부를 부당한 것으로 받아들이거나 견디기 어려운 짐으로 여기지 않았는지, 그의 이성이 육체의 고통에 따라 영향을 받았는지를 들여다보아야 하는 것이다.

67

당신이 자신을 다른 것들로부터 분리하지 못하거나 당신이 자기 영역 안에 있는 것을 지배하지 못할 정도로 자연이 당신을 전체의 혼합물 속에 뒤섞어 버린 것은 아니다. 항상 이 사실을 기억하라. 그리고 행복한 삶은 아주 적은 몇 가지에 달려 있다는 것 또한 명심하라. 논리학자나 자연과학자가 될 수 없다고 해서 자유로워질 수도, 자존심을 가질 수도, 사회적인 마음을 가질 수도, 신에게 순종할 수도 없게 될 것이라고 절망해서는 안 된다. 인간이 신으로 인식되지는 않겠지만 신과 같은 존재가 된다는 것은 충분히 가능한 일이다.

68

모든 사람이 이것저것 요구를 하며 당신을 귀먹게 하더라도, 맹수들이 당신의 연약한 육체를 갈기갈기 찢는다 하더라도 강요에서 벗어나 평온함 속에서 생애를 보내라. 이 모든 역경 속에서도 마음의 평온을 방해하거나, 처해 있는 환경에 대한 올바른 판단을 흐리게 하거나, 부딪치는 일들을 선용하려는 마음을 흔들 수 있는 것은 아무것도 없다. 그러므로 당신의 판단은 처해 있는 환경을 향해 "일반 사람들의 견해가 어떤 색깔로 너를 채색할지라도 너의 참모습은 이것이다"라고 말할 수 있을 것이다. 당면한 일을 선용하려는 마음은 그 일을 향해 "나는 너를 찾고 있었다. 왜냐하면 모든 일은 이성적 미덕과 사회적 미덕을 위한 좋은 재료, 즉 인간 또는 신에게 꼭 필요한 훈련을 위한 좋은 재료라고 여기기 때문이다"라고 말할 수 있을 것이다. 일어나는 모든 일들은 실제로 인간이나 신에게 매우 적절한 것이며, 낯설고 다루기 어려운 문제로서 오는 것이 아니라 낯익고 도움을 주는 친구로서 오는 것이다.

69

하루하루를 자신의 마지막 날로 생각하며 동요하지 않고, 무감각하지 않고, 위선을 부리지 않고 살아가는 것──그것은 완전한 인격에 어울리는 일이다.

70

영원히 죽지 않는 신은 끊임없이 이어지는 수많은 열등한 인간과 그들의 악행을 참고 견뎌야 한다는 것에 화를 내지 않는다. 오히려 신은 온갖 방법으로 인간을 보살펴 준다. 그런데 순간적인 존재인 당신은 인간에 대해 화를 내는가? 더구나 당신은 열등한 인간 중 하나가 아닌가?

71

자신의 악덕으로부터 달아나는 것은 가능한 일임에도 그렇게 하지 않으면서 다른 사람들의 악덕으로부터 달아나는 것은 불가능한 일인데도 그렇게 하려는 것은 얼마나 우스꽝스러운가?

72

이성적 능력이나 사회적 능력이 어떤 것을 반이성적 혹은 반사회적이라고 인정한다면, 그것은 저열한 것으로 판단할 수 있는 충분한 근거가 된다.

73

당신이 선행을 했고 다른 사람이 그로 인해 혜택을 받았다면 어찌

바보처럼 선행에 대한 찬사나 보답을 받고자 하는가?

74

이익을 얻는 데 싫증을 느끼는 사람은 없다. 그런데 자연에 따라 행동하는 것이야말로 이익을 얻는 일이다. 그러니 다른 사람에게 이익을 줌으로써 자신의 이익을 얻는 데 싫증을 느끼지 말라.

75

우주적 자연의 충동은 질서정연한 세계를 창조하는 것이다. 그러므로 지금 일어나고 있는 모든 것은 논리적으로 질서정연하게 일어나고 있음이 분명하다. 그렇지 않다면 우주적 자연의 충동이 지향하는 최고의 목적은 비이성적일 것이다. 이를 기억하면 많은 것들을 좀 더 평온한 마음으로 대할 수 있을 것이다.

제8권

1

당신이 평생, 적어도 성인 이후의 삶을 철학자로서 살아오지 않았다는 것은 허영심을 떨쳐버리는 데 도움이 될 것이다. 당신이 아직도 철학으로부터 멀리 떨어져 있다는 것은 당신과 마찬가지로 다른 많은 사람에게도 분명하다. 당신은 혼란 상태에서 살고 있다. 당신은 철학자로서의 명성을 얻기가 점점 더 어려워지고 있다. 인생에서의 위치가 끊임없이 그것을 방해하고 있기 때문이다. 이러한 상황을 참으로 깨닫는다면 미래의 명성에 집착하지 말고, 길건 짧건 여생을 본성의 요구에 따라 살아가는 것으로 만족하라. 본성이 요구하는 바를 주시하고 그 외의 것들로 마음을 어지럽히지 말라. 여태껏 훌륭한 삶을 찾아 얼마나 많은 길을 헤매었는가. 그런데도 당신은 아무 데서도 훌륭한 삶을 발견하지 못했다. 경험상 알겠지만 훌륭한 삶은 이론이나 부(富), 명성, 쾌락 어느 곳에도 없다. 그러면 훌륭한 삶은 어디서 찾을 수 있을까? 바로 인간의 본성이 요구하는 바를 행하는 데 있다. 어떻게 그것을 행할 수 있는가? 인간의 욕망과 행위를 지배하는 원칙을 굳게 지킴으로서 가능하다. 어떤 원칙인가? 그것은 선악에 관한 원칙으로, 인간을 올바르고 온화하고 용감하고 자유롭게 하지 않는 것은 모두 선하지 않은 것이며, 그 반대라면 모두 악하지 않은 것이라는 원칙이다.

2

무엇을 할 때마다 자신에게 물어보라. "이 일이 내게 어떤 영향을 줄 것인가? 그것을 후회하지 않겠는가?"라고. 머지않아 나는 죽을 것이고 그러면 모든 것이 사라지리라. 이 행위가 신과 같은 법칙의 지배를 받는 이성적, 사회적 존재에 어울리는 것이라면 더 이상 무엇을 바라겠는가?

3

알렉산더, 시저, 폼페이우스——그들은 디오게네스, 헤라클레이토스, 소크라테스에 비하면 어떤가? 후자의 사람들은 사물의 본질, 즉 사물의 원인과 그것이 무엇으로 이루어져 있는가를 알고 있었으며, 그들의 이성은 자신의 것이었다. 그러나 전자의 사람들은 수많은 사물을 소유하고 싶어 했으며, 따라서 그만큼 사물에 대해 노예 상태에 있었다.

4

당신이 분노로 인해 심장을 찢는다 하더라도 사람들은 전과 조금도 다름없이 같은 일을 계속할 것이다.

5

무엇보다 먼저 평온한 마음을 유지하라. 모든 것은 자연의 법칙에 따르고 머지않아 당신은 하드리아누스와 아우구스투스처럼 무(無)로 사라져 버릴 것이기 때문이다. 또한 사물을 세심히 살펴 그 본질을 주시하라. 선량한 사람이 되어야 한다는 것과 인간의 본성이 요구하는 바를 기억하라. 본성이 요구하는 바를 한눈팔지 말고 행하고 가장 정의롭다고 여기는 것을 말하라. 그러나 선의와 신중함, 진실함을 가지고 행하라.

6

우주의 본성은 사물을 한 곳에서 다른 곳으로 옮기고 변화시키며 다시 다른 곳으로 옮긴다. 어느 곳이든 어떤 사물이든 변화하고 있다. 그러나 기이한 것이 일어나지 않을까 염려할 필요는 없다. 모든 사물은 오랫 동안 관습에 지배되고 있으며, 심지어 사물의 분배 방법조차 그러하기 때문이다.

7

만물의 본성은 각기 자기의 올바른 길을 걸어갈 때 만족을 느낀다. 이성을 부여받은 존재의 본성에 올바른 길을 걸어간다는 것은 거짓된 것이나 모호한 것에 응하지 않고 오로지 공익을 위한 일에

만 충동을 돌리며, 욕망과 혐오를 자신이 할 수 있는 것에 국한하며, 자연이 그에게 할당해 주는 모든 것을 기꺼이 받아들임을 의미한다. 나뭇잎의 본성이 그 나무 본성의 일부인 것처럼 그의 본성은 우주 본성의 일부이기 때문이다. 다만 전자의 경우, 나뭇잎의 본성은 지각도 이성도 없는 외부에 의해 방해받을 수 있는 본성의 일부지만 인간의 본성은 방해받지 않는, 지성적이며 정의로운 본성의 일부이다. 자연은 모든 인간에게 평등하게 각자에게 알맞은 시간과 존재와 원인과 활동과 환경을 나누어 준다. 그러나 개인에게 주어진 낱낱이 모두 동등한가를 보려 하지 말고 전체적으로, 즉 한 사람에게 주어진 모든 것의 합이 다른 사람에게 주어진 모든 것의 합과 동등한가를 보아야 한다.

8

당신이 학자가 된다는 것은 불가능하다 해도 오만함을 멀리하고, 쾌락과 고통을 초월하고, 명예욕에서 벗어나는 것은 가능한 일이다. 어리석은 자와 불쾌한 자에게 화내지 않고 심지어 그들을 보살펴 주는 것도 가능하다.

9

당신이 궁정 생활을 비난하는 것을 더 이상 아무도 심지어 당신 자신까지도 듣지 못하도록 하라.

10

후회란 유익한 어떤 것을 놓친 데 대한 자책이다. 선한 것은 항상 유익한 것이다. 선한 자는 선한 것에 관심을 기울일 뿐, 놓친 데 대해서는 절대 후회하지 않는다. 쾌락은 선한 것도 유익한 것도 아니다.

11

"이 사물은 고유의 성질, 즉 그 본질이 무엇인가? 그 실체, 본성, 바탕이 무엇인가? 세계 속에서의 기능은 무엇인가? 얼마 동안 존속할 것인가?"를 자문하라.

12

잠자리에서 일어나기 힘들 때는, 사회적인 의무를 수행하는 것이 당신의 구성 본질과 인간으로서의 본질에 따르는 것임을 상기하라. 잠은 인간과 이성이 없는 동물들에게 공통된 것이다. 각자의 본질에 따르는 것은 무엇보다도 그에게 적합하고 어울리며 게다가 유쾌한 일이다.

13

끊임없이, 가능한 한 당신의 모든 생각의 본질을 밝히고, 생각마다 그것이 미치는 영향을 헤아리고 이성적으로 판단하라.

14

누구를 만나건, 즉시 '이 사람은 선악에 대해 어떤 견해를 갖고 있는가?'라고 자문하라. 그가 쾌락과 고통에 대해, 그 원인에 대해 명예와 불명예에 대해, 삶과 죽음에 대해 이러이러한 견해를 갖고 있다면 그가 이러이러한 행위를 하더라도 나는 놀라거나 이상하게 여기지 않고 그런 식으로 행동할 수밖에 없음을 수긍할 것이다.

15

무화과나무가 무화과 열매를 맺는 것을 보고 놀라는 것이 부끄러운 일이듯이 우주가 당연히 맺어야 할 열매(여러 가지 일들)를 맺는 것을 보고 놀라는 것은 부끄러운 일임을 명심하라. 의사가 환자에게 열이 있음을 보고 놀라거나, 선장이 역풍이 부는 것을 보고 놀란다면 그것은 부끄러운 일이 아니겠는가.

16

자신의 견해를 바꿔 주고 잘못을 시정해 주는 사람에게 따르는 것 또한 자유로운 사람의 특성임을 명심하라. 욕망과 판단과 지성에 따르는 행위는 당신 자신의 것이다.

17

만일 그것이 당신의 능력 안에 있는 것이라면 어찌하여 당신은 그것을 행하는가? 만일 그것이 당신의 능력 밖에 있는 것이라면 당신은 누구를 책망하는가──원소들인가 아니면 신인가? 어느 쪽을 책망한다고 하더라도 그것은 어리석은 짓이다. 아무도 책망해서는 안 된다. 할 수만 있다면 잘못을 저지른 자를 바로잡아 주라. 그렇게 할 수 없다면 잘못한 일 그 자체를 시정해 주라. 그것마저도 할 수 없다면 책망하는 것이 무슨 소용이 있겠는가? 아무런 목적도 없이 행하는 것은 무의미한 짓이다.

18

죽는다고 해서 우주 밖으로 떨어지는 것은 아니다. 죽음은 여기 그대로 머물러 있는 것이다. 이곳에서 변화하여 몇 가지 원소들, 즉 우주와 당신 자신을 형성하는 원소들로 돌아가는 것이다. 이 원소들도 마찬가지로 변화한다. 그러나 그들은 아무런 불평도 하지 않는다.

19

만물은——말이든 포도나무든——어떤 목적을 위해 생겨난 것이다. 이 말을 듣고 왜 놀라는가? 태양의 신조차도 "나는 어떤 목적을 위해 태어났다"라고 말할 것이며 다른 신도 그렇게 말할 것이다. 당신은 무슨 목적을 위해 태어났는가? 쾌락을 위해서인가? 그런 생각이 허용될 수 있는지 신중하게 생각해 보라.

20

모든 사물의 생성과 존속뿐 아니라 존속의 정지 또한 자연의 목적이다. 그것은 마치 던져 올려진 공과 같다. 올라가는 것이 그 공에게 바람직하고 떨어지는 것은 바람직하지 않은 일이겠는가? 땅에 떨어졌다고 공에게 바람직하지 않은 일이겠는가? 물방울이 형성되는 것이 어찌 물방울에 바람직하며 물방울이 꺼지는 것이 어찌 바람직하지 않은 일이란 말인가? 등불에 대해서도 같은 말을 할 수 있을 것이다.

21

당신의 육체를 모든 면에서 살펴보고 그것이 어떤 종류의 것인가를 관찰하라. 늙으면 어떻게 되고, 병들면 어떻게 되며, 죽어서 어떻게 되는지를 살펴보라. 찬양하는 자나 찬양받는 자 모두 순간적인 존재이며, 기억하는 자나 기억되는 자 모두 순간적인 존재이다. 더구나 그들은 지구의 극히 작은 구석을 차지하고 있다. 그런데도 그들은 서로 화평하지 못하고, 심지어 자기 자신과도 그러하다. 지구 자체도 우주 속 한 점에 불과한 것이다.

22

당신이 직면하고 있는 것에——그것이 사물이든, 행위이든, 원칙이든, 상대방의 말이든——온 마음을 기울여라. 그것들은 당신이 올바르게 되는 데 도움이 될 것이다. 오늘 선을 행하는 것보다는 내일 선해지고자 하는 편이 나을 것이다.

23

무슨 일을 하든 나는 나의 행위를 인류의 이익과 관련짓는다. 무슨 일이 닥치든 나는 그 일을 받아들이며, 그 일을 신과 관련지으며, 모든 것을 서로 밀접하게 연결하는 우주적 근원과 관련짓는다.

24

목욕이라는 말을 들을 때 마음속에 무슨 생각이 떠오르는가? 기름, 땀, 먼지, 더러운 물 등 구역질을 일으키는 것들이 떠오를 것이다. 인생의 모든 부분도 그와 같으며, 모든 물질적인 것 또한 그러하다.

25

루킬라(Lucilla)는 베루스(Verus)[50]를 매장했고, 그 후 자신도 매장되었다. 세쿤다(Secunda)는 막시무스(Maximus)[51]를 매장했고, 그 후 자신도 매장되었다. 그리고 에피틴카누스(Epitynchanus)는 디오티무스(Diotimus)를 매장했고, 자신도 매장되었으며, 안토니누스(Antoninus)는 파우스티나(Faustina)[52]를 매장했고, 자신 또한 매장되었다. 모두가 그러하다. 켈레르(Celer)[53]는 하드리아누스(Hardrianus)를 매장했고, 그 후 자신도 매장되었다. 예전의 현명한 사람들, 예언 능력이 있던 사람들, 오만했던 사람들은 지금 어디 있는가? 하루살이와 같은 이 모든 사람은 이미 오래전에 죽었다. 어떤 자는 죽자마자 잊혀 버렸으며, 어떤 자는 전설 속의 인물이 되었으며, 또 어떤 자는 전설 속에서조차 사라져 버렸다. 그러므로 당신이라는 작은 화합물도 언젠가는 완전히 분해되어 버리거나, 호흡

---

50) 루킬라는 마르쿠스의 어머니 도미티아 루킬라(Domitia Lucilla)를, 베루스는 마르쿠스의 아버지 M. 안니우스 베루스(M. Annius Verus)를 가리킴.
51) 막시무스는 마르쿠스가 존경했던 친구이자 스승. 세쿤다는 막시무스의 아내 클라우디우스 막시무스(Claudius Maximus)로 생각된다.
52) 안토니누스는 마르쿠스의 양부이자 선제(先帝)인 안토니누스 피우스(Antoninus Pius). 파우스티나는 그의 아내.
53) 그리스의 수사학자. 하드리아누스의 비서이자 마르쿠스의 스승.

이 끊어져 버리거나, 아니면 다른 장소로 옮겨질 것임을 명심하라.

26

인간의 참된 기쁨은 인간으로서 마땅히 해야 할 일을 하는 것이다. 인간으로서 마땅히 해야 할 일이란 사람들에게 친절을 베풀고, 감각적 충동을 경멸하고, 참모습과 겉모습을 올바로 판단하고, 우주의 본질과 그에 따라 일어나는 모든 일을 깊이 생각하는 것이다.

27

인간에게는 세 가지 관계가 있다. 그것은 첫째, 인간을 감싸고 있는 육체라는 껍데기에 대한 관계이며 둘째, 만물의 근원인 신적 원인에 대한 관계이며 셋째, 주위의 인간들에 대한 관계이다.

28

고통은 육체에 대한 악 아니면 영혼에 대한 악이다. 고통이 육체에 대한 악이라면 육체가 그렇게 말하게 하라. 그러나 영혼은 결코 고통을 악으로 여기지 않으며 항상 자신의 하늘을 맑고 평온하게 유지할 수 있다. 모든 판단과 충동, 욕망, 혐오는 영혼의 내부에서 비롯되며 어떠한 악도 이 영혼 속으로 침투할 수 없기 때문이다.

29

"나의 영혼 내부에 어떠한 악이나 격정, 혼란도 존재하지 않게 하는 것은 이제 나의 힘으로 할 수 있다. 나는 사물의 참모습을 바라보고 그 가치에 따라 모든 사물을 대한다"라고 끊임없이 당신 자신에게 말함으로써 모든 환상을 제거하라. 그렇게 할 수 있는 능력, 즉 당신에게 주어진 자연의 선물을 잊지 말라.

30

원로원에서 이야기할 때나 어떤 개인에게 이야기할 때나 현학적인 어투를 쓰지 말고 적절한 품위를 지키며 이야기하라. 건전한 언어를 사용하라.

31

아우구스투스의 궁정을 생각해 보라. 그의 아내, 딸, 손자, 조상, 자매, 아그리파, 친척, 신하, 친구, 아레이우스, 마에케나스, 의사, 사제들——이 모든 이와 온 궁정이 사라져 버렸다. 또 다른 예에 눈을 돌려 보라. 한 인간의 죽음이 아니라 폼페이우스 일족과 같은 가문 전체의 죽음을. 그리고 묘비에 새겨져 있는 '가문의 마지막 인물'이라는 묘비명을. 그의 조상들이 한 사람의 후계자를 남기기 위해 얼마나 많은 고통을 겪었을 것인가를 상기해 보라. 결국 그는 가문의 마지막 인물이 될 수밖에 없었다. 여기에도 어떤 가문 전체의 죽음이 있는 것이다.

32

당신의 행위 하나하나는 완전한 삶에 이바지하는 것이어야 한다. 그리고 각각의 행위가 최대한 그 목적을 지양했다면 그것으로 만족하라. 당신이 그렇게 하는 것을 방해할 수 있는 사람은 아무도 없다. "그러나 어떤 외부의 장애물이 방해할 것이다"라고 말하는가? 그러나 당신이 정의롭게, 온화하게, 이성적으로 행동하는 것을 방해할 수 있는 것은 아무것도 없다. "그러나 다른 어떤 유용한 행동은 방해를 받을지도 모른다."라고 말하는가? 그럴 때는 그 장애물을 기꺼이 인정하고 할 수 있는 다른 행위로 눈을 돌려라. 그러면 당신의 완전한 삶을 이루는 데 합당한 다른 행위를 발견하고 그것을 수행할 수 있을 것이다.

33

겸허히 받아들이고, 미련 없이 양보하라.

34

손이나 발 또는 머리가 육체에서 절단되어 나뒹구는 것을 본 적이 있을 것이다. 자신의 운명을 받아들이려 하지 않고, 다른 사람들로부터 자신을 격리하거나 비사회적인 행동을 하고, 이기적인 목적만을 위해 행동함으로써 기어이 자신을 왜소하게 만드는 자는 자신에게 그와 같은 짓을 저지르는 것이다. 이제까지 당신이 그 일부로서 태어난 자연이라는 통일체로부터 자신을 격리해 왔다면 스스로 당신 자신을 잘라낸 것이다. 그러나 자신을 자연이라는 통일체와 다시 결합할 수 있는 능력이 당신에게 허용되어 있다는 것은 참으로 절묘한 일이다. 신은 자연의 다른 부분들에는 일단 절단되면 재결합할 수 있는 능력을 허용하지 않았다. 신이 인간에게 베푼 은혜를 생각해 보라. 신은 인간에게 통일체로부터 떨어져 나가지 않을 수 있는 능력을 주셨을 뿐 아니라, 떨어져 나간 후에도 통일체 속으로 환원되어 그 일부로서의 위치를 되찾을 수 있는 능력도 주신 것이다.

35

우주적 자연은 모든 이성적 존재에게 여러 가지 능력과 함께 다음과 같은 능력도 부여했다. 마치 우주적 자연이 모든 장애물을 자신의 목적에 맞도록 전환하고 운명의 질서 속에 정리하여 자신의 일부로 만들듯이 모든 장애물을 자신을 위한 재료로 전환해 자신의 본래 목적을 위해 이용할 수 있는 능력을.

36

마음속에 그려낸 환상으로 자신을 교란하지 말라. 얼마나 크고 얼마나 많은 불행이 닥칠 것인가 상상하지 말라. 어떤 일이 닥치면 "무엇이 견디기 어려운가?"라고 자신에게 물어보라. 그러면 이러이러한 것이 견디기 어렵다고 고백하는 것이 부끄러울 것이다. 당신을 짓누르고 있는 것은 미래나 과거가 아니라 항상 현재뿐이라는 것을 명심하라. 그러나 현재의 짐을 다른 것과 연관시키지 않고 엄격하게 그 자체만을 생각한다면, 그리고 그렇게 하찮은 일을 견디지 못하는 마음의 무력함을 꾸짖는다면 현재의 짐조차도 한결 가벼워질 것이다.

37

판테이아(Pantheia)나 페르가무스(Pergamus)[54]는 지금 베루스(Verus)의 관 옆에 서 있을까? 카브리아스(Chabrias)나 디오티무스(Diotimus)는 지금 하드리아누스(Hadrian)의 관 옆에 서 있을

---

54) 판테이아는 마르쿠스의 의동생인 루키우스 베루스(Lucius Verus)의 첩. 페르가무스는 그의 종.

까? 얼마나 우스꽝스러운 이야기인가! 설사 그렇다고 하더라도 죽은 자들이 그것을 알겠는가? 설사 안다고 하더라도 그들이 기뻐하겠는가? 설사 기뻐한다고 하더라도 그들의 죽음을 슬퍼하는 자들이 영원히 생존하겠는가? 그들 또한 늙어 마침내 죽을 운명이 아닌가. 슬퍼하는 자들이 죽고 나면 애도를 받던 자가 무엇을 하겠는가? 그것은 포대에 싸인 악취이며 부패일 뿐이다.

38

현인 크리톤의 말 중에 "볼 수 있는 눈을 가지고 있다면 보라"는 말이 있다.

39

나는 이성적 존재의 성품 속에서 '정의에 상응하는 덕'을 발견하지 못했다. 그러나 '쾌락에 상응하는 덕'은 발견했다. 그것은 자제이다.

40

당신을 괴롭힌다고 생각되는 것에 대한 당신의 견해를 버려라. 그러면 당신 자신을 고통당하지 않는 가장 안전한 곳에 세워 두는 것이 될 것이다. 당신은 말한다. "나의 자아——그것은 무엇인가?"라고. 그것은 당신의 이성이다. 당신은 말할 것이다. "그러나 나는 이성만은 아니다"라고. 그렇다. 그러므로 당신의 이성이 자신을 해치지 못하게 하라. 당신의 다른 부분이 고통을 당하고 있다면 그 부분에게 스스로에 대한 견해를 맡겨라.

41

동물적 존재에게 감각의 장애는 악이며 욕망의 장애 또한 악이다. 식물적 존재에게도 나름의 악인 장애가 있다. 마찬가지로 정신적 존재에게도 정신 장애는 악인 것이다. 이 모든 것을 당신 자신에게 적용하라. 당신의 마음을 흔드는 것은 무엇인가? 고통인가? 쾌락인가? 감각의 인식은 그것에 온통 주의를 기울일 것이다. 당신의 욕망에 장애가 일어났는가? 당신이 무턱대고 욕망에 따른다면 그 장애는 이성적 존재인 당신에게는 분명 악일 것이다. 그러나 우주적 필연성을 받아들인다면 당신은 아무런 피해도 보지 않고 아무런 장애도 받지 않을 것이다. 정신 고유의 활동은 누구도, 불도 칼도 억압도 욕설도, 그 밖의 어떤 것도 방해할 수 없다. '일단 구(球)의 형태가 되면 구의 형태로 남는 것이다.'[55]

---

55) 엠페도클레스의 말.

42

내가 나에게 고통을 줄 이유가 없다. 왜냐하면 나는 이제까지 의도적으로 남에게 고통을 준 적이 없기 때문이다.

43

사람들은 각기 다른 것에서 기쁨을 느낀다. 나의 이성이 건전하고, 누구도 멀리하지 않고, 인간에게 일어나는 모든 일을 피하지 않고, 모든 것을 선의의 눈으로 바라보고, 모든 것을 받아들이고 각각 그 가치에 따라 대할 때 나는 기쁨을 느낀다.

44

오늘에 최선을 다하라. 사후의 명성을 목표로 삼는 자는 후세 사람들 또한 그가 지금 혐오하고 있는 사람들과 똑같은 사람들이며 그들 역시 죽는다는 사실을 생각하지 못하는 자다. 후세 사람들이 당신에 대해 무슨 말을 하든 어떻게 생각하든 그것이 당신에게 무슨 상관이 있는가?

45

나를 들어 올려 어디든 마음대로 내던져 보라. 그래도 나는 내면의 신성한 영혼을 간직할 것이다. 내 영혼이 제 본질에 일치하고 그에 따라 행동하는 한 나는 만족할 것이다.

내던져졌다고 괴로워하고, 비루해지고, 타락하고, 욕심을 품고, 속박되고, 놀란다면 그 영혼이 무슨 가치가 있겠는가? 그런 영혼 속에서 무슨 중대한 가치를 발견할 수 있겠는가?

46

인간에게는 인간의 본성에 맞지 않는 일은 결코 일어날 수 없다. 마찬가지로 황소에게는 황소의 본성에, 포도나무에는 포도나무의 본성에, 돌에는 돌의 본성에 맞지 않는 일은 결코 일어날 수 없는 것이다. 이처럼 저마다 일어나는 일은 일상적이고 자연스러운 것인데 어찌하여 당신은 불평하는가? 모든 것들의 본성인 동시에 당신의 본성이기도 한 하나의 자연은 당신이 견딜 수 없는 것은 결코 당신에게 일어나게 하지 않는다.

47

외부의 어떤 것으로 괴로움을 당하고 있다면 당신을 괴롭히는 것은 사물 그 자체가 아니라 그것에 대한 당신의 생각이다. 그런데 당신의 생각을 즉시 제거하는 일은 당신의 능력에 속해 있다. 만일 괴로움이 마음가짐에 달린 것이라면 당신이 그것을 바로 잡겠다는데 누가 막을 수 있겠는가? 옳다고 믿는 것을 행하지 않기 때문에 괴로움을 당하고 있는 것이라면 어찌하여 그것을 행하지 않으면서 괴로워하는가? 너무 큰 장애물이 가로막혀서라고? 그렇다면 괴로워하지 말라. 당신이 그것을 행하지 않는 것은 당신 책임이 아니기 때문이다. 그러나 그것을 행하지 않으면 인생은 살아갈 가치가 없다고? 좋다, 그렇다면 수명을 다한 사람처럼 즐거운 마음으로 삶을 떠나라, 당신의 장애물들에 대해 선의를 품은 채.

48

당신의 이성이 저 자신 속에 침잠하여 스스로 만족하고 자기 의지에 어긋나는 행위를 하려 하지 않는다면 그것은 난공불락일 것이다. 이성의 판단이 비합리적일 경우에도 그러할진대 합리적이고도 현명한 것일 경우에랴? 그러므로 격정에서 벗어난 이성은 하나의 성채이며 자신을 지킬 수 있는 가장 안전한 피난처이다. 이를 깨닫지 못하는 자는 어리석은 자이며, 알면서도 그곳으로 피신하지 않는 자는 불행한 자이다.

49

최초의 지각이 당신에게 보고하는 것 이상을 덧붙이지 말라. 이런저런 비방의 말을 들었다면 그것은 이런저런 사람이 당신을 이러저러하게 비방하고 있다는 보고일 뿐, 당신이 해를 입었다는 보고가 아니다. 내 어린 자식이 앓고 있는 것을 보고 있다. 나의 눈은 자식이 앓고 있다는 것을 보고한 것일 뿐, 생명이 위독하다고 보고한 것은 아니다. 그러므로 항상 최초의 지각을 벗어나지 말고 거기에 당신의 생각을 덧붙이지 말라. 그러면 아무런 영향도 받지 않을 것이다. 굳이 하겠다면 우주 안에서 일어나는 모든 일을 이해하는 자로서 생각을 덧붙이도록 하라.

50

오이가 쓴가? 그렇다면 버려라. 길 위에 가시덤불이 가로놓여 있는가? 그럼 비켜 가라. 그러면 된다. "세상에는 왜 그런 것들이 존재하는가?"라고 불평하지 말라. 자연을 탐구하는 사람들에게 비웃음을 살 것이다. 목수나 제화공 작업장 대팻밥이나 가죽 조각들이 있다고 해서 투덜거린다면 비웃음을 사지 않겠는가. 그러나 대팻밥이나 가죽 쪼가리들은 버릴 장소가 있지만 자연의 본질에는 그런 장소가 없다. 바로 그 점이 자연의 경이로서, 자연은 자신에게 한정되어 있으면서도 그 속에서 부패하거나 노쇠하거나 쓸모없게 된 것들은 모두 자기 자신으로 변화시켜 그것들로 다시 새로운 창조물을 만들어 내는 것이다. 그러므로 자연은 자신 이외의 물질이 필요치 않으며 노폐물을 버릴 장소도 필요 없다. 자연은 자신의 공간과 장소, 자신의 물질, 자신의 재능에 만족하는 것이다.

51

행동함에 경박하지 말고, 대화함에 경솔하지 말라. 감각에 휘둘려 방황하지 말라. 영혼을 고통에 빠뜨리거나 쾌락에 날뛰게 하지 말라. 삶에서 여유를 잃지 말라. 순교, 사지 절단, 유배——이런 것들이 어떻게 순결하고, 건전하고, 온화하고, 정의로운 상태를 유지시키는 이성의 능력에 영향을 줄 수 있겠는가? 그것은 마치 어떤 사람이 깨끗한 샘 옆에서 저주를 퍼붓는다 하더라도 그 샘은 여전히 맑고 신선한 물을 뿜어내는 것과 같다. 설사 그 속의 진흙이나 오물을 던져 넣는다 하더라도 샘은 곧 오물을 씻어내고 조금도 더러워지지 않는다. 어떻게 하면 우물이 아니라 영원히 신선한 물을 뿜어내는 샘을 간직할 수 있겠는가? 그것은 선의와 순박함, 자제력, 자유를 추구하며 항상 자신을 주의 깊게 살핌으로써 가능하다.

52

우주의 본질을 모르면 자신의 위치를 모른다. 우주의 목표를 모르면 자신과 우주의 정체를 모른다. 이 모두를 모르면 자신이 왜 태어났는지 모른다. 자신이 누구인지, 자신이 어디 있는지도 모르는 자들의 요란한 칭찬을 추구하거나 그런 자들의 비난을 두려워한다면 어떤 부류의 인간이겠는가?

53

시간마다 세 번씩 자신을 저주하는 위인에게 칭찬받기를 원하는가? 자신조차 제 마음에 들지 않는 자의 마음에 들기를 원하는가? 자기가 하는 일의 거의 전부를 후회하는 자가 제 마음에 들 리 있겠는가.

54

당신의 호흡이 주위의 공기와 조화를 이루듯이 당신의 생각 또한 전체의 이성과 조화를 이루도록 하라. 호흡하는 자에게 공기가 유익한 것처럼 어디에든 무엇에든 있는 이성은 그것을 흡수하기를 원하는 자에게는 유익한 것이기 때문이다.

55

인간의 어떠한 악덕도 우주에 해를 입히지 못하며, 개인의 어떠한 악덕도 다른 사람에게 해를 입히지 못한다. 악덕은 오직 그 악을 저지른 사람만을 해칠 뿐이다. 그러나 그에게는 언제라도 즉시 악덕을 떨쳐 버릴 수 있는 능력이 주어져 있다.

56

내 이웃의 호흡이나 육신과 마찬가지로 그의 의지 또한 나의 의지와는 관계가 없다. 우리가 서로를 위해 태어나긴 했지만 각자를 지배하는 이성은 나름의 지배 영역을 가지고 있다. 그렇지 않다면 내 이웃의 악덕은 곧 나의 악덕일 것이다. 그것은 신의 의도가 아니다. 신은 나의 행복이 다른 사람의 의지로 파괴될 수 없도록 해 주셨다.

57

태양은 그 빛이 내리퍼붓듯이 사방으로 비춘다. 그러나 태양의 빛은 고갈되지 않는다. 이러한 퍼부음은 태양의 확장이다. 실제로 햇빛을 태양 광선이라고 하는데 이 말은 '확장된다'라는 의미의 단어에서 유래된 것이다. 좁은 구멍을 통해 어두운 방으로 들어오는 태양 광선을 관찰하면 그 본질을 이해할 수 있을 것이다. 태양 광선은 직선으로 확장하다가 진로를 가로막는 어떤 장애물을 만나면 그 위에 정지한다. 태양 광선은 그대로 머무른 채 미끄러지지도 떨어지지도 않는다. 정신의 확산도 이와 같아야 한다. 그리하여 정신의 확산은 고갈이 아니라 확장이어야 하며 어떤 장애물을 만나든 격렬하게 대항해서도 안 되고 떨어져 나가서도 안 되며 그곳에 머물러 정신을 받아들이는 것을 비춰주어야 한다. 정신의 빛을 받아들이지 않는 물체는 자기 자신에게서 정신의 빛을 제거하는 것이다.

58

죽음을 두려워하는 자는 감각의 완전한 상실을 두려워하거나 어떤 다른 감각을 두려워하는 것이다. 그런데 아무런 감각도 없다면 악에 대해서도 느끼지 못할 것이고 어떤 다른 감각을 얻는다면 새로운 종류의 창조물이 되는 것이니 당신의 삶은 끝날 수 없다.

59

인간은 서로를 위해 창조되었다. 따라서 사람들을 가르쳐 개선하든가 아니면 참고 견뎌야 한다.

60

정신의 운동은 화살의 운동과 다르다. 정신은 어떤 문제를 조심스럽게 모든 각도에서 검토하면서 목표를 향해 일직선으로 움직인다.

61

당신의 이웃 개개인의 이성으로 들어가라. 그리고 다른 사람들이 당신의 이성으로 들어오는 것을 허용하라.

제9권

1

정의롭지 못함은 죄악이다. 자연은 서로를 위하도록 이성적 존재들을 만들었기 때문이다. 따라서 이성적 존재들은 각자의 가치에 따라 도와야 하며 서로에게 해를 주어서는 결코 안 된다. 이러한 자연의 의지를 거역하는 자는 분명 모든 신 중에서도 최고의 신에 대해 불경의 죄악을 범하는 것이다. 우주적 자연은 모든 존재들의 본질이며 모든 존재는 현존하는 모든 존재와 밀접한 관계를 맺고 있기 때문이다.

거짓말을 하는 자 또한 같은 여신(우주적 자연)에 대해 불경의 죄악을 범하는 것이다. 그 여신의 이름은 진리이며 자연은 모든 참된 것의 최고 원인이다. 그러므로 의도적으로 거짓말을 하는 자는 사람들을 속임으로써 악행을 저지르는 것이므로 죄악을 범하는 것이다. 또한 본의 아니게 거짓말을 하는 자는 우주적 자연과의 조화에서 벗어나기 때문에, 그리고 질서 정연한 우주적 자연에 거역하여 무질서를 가져오기 때문에 그 역시 죄악을 범하는 것이다. 설사 자신의 의지를 거슬러 어쩔 수 없이 거짓말을 했다 하더라도 참된 것의 반대편에 서는 것은 자연에 거역하는 것이다. 이러한 자들은 태어날 때 자연으로부터 여러 가지 능력을 부여받았지만, 그 능력을 소홀히 다루어 거짓과 참을 구별할 수 없게 된 것이다.

쾌락을 선으로써 추구하고 고통을 악으로써 피하는 자 또한 죄악을 범하는 것이다. 그런 자는 분명 우주적 자연이 선인과 악인에 대해 공평치 못하다고 자주 비난할 것이다. 왜냐하면 악인이 쾌락을 즐기고 쾌락을 얻을 수 있는 수단을 소유하고 있지만, 선인은 고통과 고통을 가져다주는 것들 속에 빠져 있는 일이 때때로 있기 때문이다. 고통을 두려워하는 자는 자연 속에서 일어나도록 규정된 질서의 일부분을 두려워하는 것이며, 그것은 이미 죄악이다. 또한 쾌락을 추구하는 자는 그릇된 행위를 서슴지 않을 것이며, 그것 또한 분명 죄악이다.

우주적 자연이 선악에 대해 무관심했다면, 즉 자연이 선과 악에 관심을 두지 않았다면 쾌락과 고통 또한 창조하지 않았을 것이다.

우주적 자연이 무관심한 태도를 보이는 것들에 대해서는——만일 자연이 고통과 쾌락에 대해 무관심하지 않다면 고통과 쾌락이 함께 존재하도록 만들지는 않았을 것이다——자연을 따르며 자연의 이성과 똑같은 이성을 갖고자 하는 자들 또한 무관심해야 한다. 우주적 자연이 무관심한 태도를 보이는 고통과 쾌락, 삶과 죽음, 명예와 불명예 등에 대해 무관심한 태도를 보이지 않는 자는 분명 죄악을 범하는 것이다.

우주적 자연이 이러한 것들에 대해 무관심한 태도를 보인다는 것은 그런 것들이 정당한 이치에 따라 공평하게——현재 살아 있는 사람들에게, 그리고 그들의 후손들에게——일어난다는 것을 의미한다. 이러한 것들은 섭리의 어떤 근원적인 충동으로 일어나는 것이다. 섭리는 이 충동에 따라 미래의 존재들에 대한 어떤 이성적, 창조적 원리를 취하여 이들 원리에 사물의 발생, 변화, 계승의 창조적 능력을 부여함으로써 하나의 최초 원리로부터 시작하여 현재의 우주의 질서정연함을 완성한 것이다.

2

어떠한 거짓이나 허식, 사치, 오만도 즐기지 않고 인류를 떠나는 것은 한층 완성된 인간다운 일이다. 이러한 것들에 싫증을 느끼고 숨을 거두는 것 또한 차선의 길이다. 그래도 당신은 악에 빠진 채 살아가겠는가? 악에 대한 경험조차 이 악성의 질병으로부터 도망치라고 설득하지 않는가? 실로 정신의 타락은 우리를 둘러싼 어떤 오염이나 부패보다 훨씬 더 해로운 것이다. 후자는 우리의 동물적 존재를 해치지만 전자는 우리의 인간적 존재를 해치기 때문이다.

3

죽음을 경멸하지 말라. 죽음을 웃음으로 맞이하라. 죽음 또한 자연의 의지이기 때문이다. 청년이 되고 노인이 되는 것, 성장하고 성숙하는 것, 이와 수염과 흰머리가 나는 것, 임신하고 출산하는 것, 그밖에 인생에서의 자연 현상들처럼 죽음 또한 그런 것이다. 그러므로 죽음을 과중히 여기거나 격하게 반응하거나 적대시하지 않고 당신의 영혼이 그 허물을 벗을 때를 기다리는 것——그것이 사려 깊은 인간이 죽음을 대하는 태도이다.

그러나 마음에 와닿는 좀 더 일반적인 교훈을 원한다면 머지않아 헤어질 주위 사물들의 본질을 생각하고 더 이상 당신의 영혼을 오염시키지 않게 될 주위 사람들을 생각해 보라. 죽음에 직면하여 그보다 더 마음을 평온하게 해 주는 위안은 없다. 그들에게 분노를 느껴서는 안 되며 오히려 사랑과 온화한 마음으로 참아야 한다. 이별은 당신과 같은 원칙을 갖고 있는 사람들과 하는 것이 아님을 명심하라. 당신을 이 세상에 머물러 있게 하고 삶에 매달리게 하는 것이 있다면 당신과 같은 원칙을 갖고 있는 사람들과 더불어 살아가는 것뿐이기 때문이다(그것이 허용되어 있다면). 그러나 조화를 이루지 못하는 사람들과 함께 살아간다는 것이 얼마나 힘겨운 일인지 당신은 알고 있다. 그래서 당신은 "오, 죽음이여, 빨리 와 다오, 나조차 나 자신을 잊지 않도록"이라고 말하는 것이다.

4

죄를 범하는 자는 스스로 죄를 범하는 것이다. 그릇된 행위를 하는 자는 자기 자신을 악하게 만드는 것이므로 스스로 그릇된 행위를 하는 것이다.

5

인간은 어떤 일을 함으로써 뿐만 아니라 어떤 일을 하지 않음으로써 잘못을 저지르기도 한다.

6

생각이 진실성에 기초를 두고 있고 행위가 사회의 이익을 위한 것이며 마음이 외적 원인으로 일어나는 어떤 것들에도 만족하고 있다면 그것으로 충분하다.

7

환상을 제거하라. 충동을 억제하라. 욕망의 불을 꺼라. 이성이 당신을 지배하게 하라.

8

이성이 없는 동물들은 같은 생명의 영혼을 지니고 있으며, 이성적 존재들은 같은 이성적 영혼의 일부분을 지니고 있다. 그것은 마치 이 지구가 모든 지상의 것들에게 같으며, 시력과 생명을 부여받은 우리가 같은 빛에 의해 보고 같은 공기를 호흡하는 것과 같다.

9

공통된 요소를 지닌 것들은 모두 자신과 같은 종류의 것들을 지향하는 경향이 있다. 흙의 성질을 갖고 있는 것들은 모두 흙을 향해 흐르며, 공기의 성질을 갖고 있는 것들 또한 그러하다. 그러므로 이들을 따로 떼어 놓기 위해서는 외부적인 힘이 필요하다. 불은 그 원소가 불이기 때문에 위로 향하는 경향이 있으며 그것과 같은 종류인 다른 모든 불길과 결합하기 쉬워 낮은 곳에서조차도 어떤 종류건 마른 것이기만 하면 모두 쉽게 붙어 타오른다. 그 속에는 연소를 방해할 수 있는 요소가 거의 들어 있지 않기 때문이다.

이와 마찬가지로 공통된 이성적 본성을 함께 소유하고 있는 모든 존재들도 자신과 같은 종류의 존재들에게로 향하는 경향이 있다. 그리고 그 경향은 다른 것들의 경우보다 더 강하다. 우월하면 우월한 것일수록 자신과 같은 종류의 것들과 어울리고 화합하려는 경향이 강하기 때문이다.

우선 이성이 없는 생물들을 보라. 이성이 없는 생물이라고 하면 꿀벌이나 가축, 새들의 무리를 생각할 수 있으며 그들끼리의 사랑을 볼 수 있다. 그들은 이미 영혼을 소유하고 있으며 이들 고등한 생물들의 결합하는 경향은 식물이나 돌이나 목재에서는 볼 수 없는 강한 것이다.

이성적 존재들 사이에는 단체, 우정, 가정, 회합이 있으며 전쟁에는 조약과 휴전 협정이 있다. 한층 높은 인간들 사이에는 서로 멀리 떨어져 있다 해도 별들의 화합처럼 동류끼리의 화합이 존재한다.

이처럼 더욱 고등한 인간으로 올라가면 멀리 떨어져 있다 해도 서로 공감할 수 있는 것이다.

그런데 보라, 지금 어떤 일이 일어나고 있는가? 오직 이성적 존재들만이 서로 화합하려는 충동을 망각하고 있으며, 오직 그들 사이에서만 동류로 향하는 흐름을 발견할 수 없다. 그러나 그들이 아무리 도망치려 해도 여전히 함께 묶여 있다. 자연은 너무도 강력하기 때문이다. 주의 깊게 살펴보라. 내 말이 사실임을 알게 될 것이다. 실로 인간과 격리된 인간을 발견하는 것보다 흙의 성질을 갖고 있으면서 흙과 관계가 맺고 있지 않은 것을 찾기가 더 쉬울 것이다.

10

인간과 신, 우주, 그 밖의 모든 것이 적합한 시기에 열매를 맺는다. 본래의 의미로 흔히 포도나무와 같은 것들에 쓰이는 이 표현을 여기에 적용한다고 해서 무슨 문제가 되겠는가? 이성 또한 열매를 맺는다. 이성은 자기 열매와 우주의 열매를 맺으며 이성으로부터 나오는 것들은 자신과 같은 성질의 것들이다.

11

할 수 있다면 (그릇된) 사람들에게 좀 더 훌륭한 길을 가르쳐 주어라. 그것이 불가능하다면 바로 그런 경우를 위해 당신에게 관대함을 줬다는 사실을 상기하라. 신조차 그러한 사람들에게 관대하며, 때로는 그들이 얻으려는 어떤 것——건강, 부(富), 명성 등——이 이루어지도록 도와주기까지 하는 것이다. 당신 또한 그렇게 할 수 있다. 말해 보라. 누가 그것을 방해하겠는가?

12

열심히 일하라. 그러나 비참한 마음으로 일하지 말고, 동정이나 칭찬을 바라면서 일하지 말라. 오직 당신의 행위와 무위(無爲)가 사회적 이성의 명령에 따르기만을 원하라.

13

오늘 나는 모든 번뇌에서 벗어났다. 아니 그보다는 번뇌를 밖으로 내쫓아 버린 것이다. 나의 모든 번뇌는 외부에 있던 것이 아니라 내부, 즉 내 생각 속에 있었기 때문이다.

14

모든 것이 같다. 경험적으로는 익숙하고, 시간상으로는 덧없으며, 물질적으로는 비천하다. 현재의 모든 것은 무덤 속에 묻혀 있는 사람들이 살던 때와 조금도 다름이 없다.

15

사물은 다만 외부에 존재한다. 사물은 있는 그대로일 뿐, 그 이상의 것이 아니다. 사물은 스스로에 관해 아무것도 알지 못하고 아무것도 말하지 않는다. 그렇다면 그들에 관해 우리에게 말해 주는 것은 무엇인가? 그것은 우리 내부에 있는 우리를 지배하는 이성인 것이다.

16

이성적이며 사회적인 존재의 선과 악은 무위에 존재하는 것이 아니라 행위에 존재한다. 그것은 미덕과 악덕이 무위에 존재하는 것이 아니라 행위에 존재하는 것과 마찬가지이다.

17

공중으로 던져 올라간 돌은 올라가는 것이 선이 아닌 것처럼 떨어지는 것 또한 악이 아니다.

18

그들을 지배하는 이성으로 깊이 들어가라. 그러면 당신이 두려워하는 이들이 어떤 부류의 재판관이며 그들 자신에 대해서는 얼마나 열등한 재판관인가를 알게 될 것이다.

19

모든 것은 끊임없이 변화하고 있으며 어떤 의미에서는 부패하고 있는 것이다. 우주 또한 마찬가지다.

20

다른 사람의 그릇된 행위에 대해 상관하지 말라.

21

활동의 정지, 충동과 사고의 종결은 죽음이지 결코 악이 아니다. 유년기, 소년기, 청년기, 노년기 등 삶의 모든 시기를 생각해 보라. 이 동안의 모든 변화 또한 일종의 죽음인 것이다. 그 변화가 두려운 것이었는가? 할아버지와 함께 지내던 삶을 생각해 보라. 그리고 어머니와 함께 지내던 삶, 아버지와 함께 지내던 삶을 생각해 보라. 그렇게 수많은 정지와 변화와 종결을 찾아내어 자신에게 "그러한 것들이 두려운 것이었는가?" 물어보라. 당신의 삶 전체의 정지, 변화, 종결 또한 마찬가지다.

22

당신을 지배하는 이성에게로 서둘러 돌아가라. 또 우주의 이성과 이웃의 이성에게로. 당신 자신의 이성에게로 가는 것은 그것을 올바른 것으로 만들기 위해서이며, 우주의 이성에게로 가는 것은 당신이 어떤 것의 일부인가를 상기하기 위해서이며, 이웃의 이성에게로 가는 것은 그가 무지 속에서 행동하는가, 분별력을 가지고 행동하는가를 알기 위해서이며 동시에 그의 이성이 당신의 이성과 동족이라는 것을 상기하기 위해서다.

23

당신이 구성원의 일부로서 사회 전체를 완전한 것으로 만드는 데 이바지하듯이 당신의 모든 행위도 사회생활을 완전한 것으로 만드는 사회적인 목적에 기울여야 한다. 직접적이든 간접적이든 사회적인 목적과 이러한 관계를 맺고 있지 않은 행위는 사회생활을 파괴하여 통일체가 되지 못하도록 방해하는 것이다. 그것은 어떤 사람이 자신이 속한 공동체의 조화로부터 자신을 분리하려고 하는 것처럼 파괴적인 행위다.

24

어린애 같은 심술, 어린애 같은 장난, '시체를 짊어지고 가는 가

련한 영혼들'[56]——이러한 것들은 지하 세계에 있는 자들을 찾아가
는 것을 더욱 인상 깊은 것처럼 느끼게 한다.

25

먼저 사물의 근원이 되는 본질과 특질을 인식하고 그것이 형상화
된 물질로부터 분리해 깊이 파악하라. 그런 다음 고유한 특질을 지
닌 그 사물의 최대 수명을 판단하라.

26

안내자이자 지배자인 이성이 본연의 일을 수행하도록 기꺼이 내
맡기지 않기 때문에 당신은 무한한 고통을 겪지 않을 수 없는 것이
다. 이제 그러지 말라.

27

누군가 당신을 비난하고 미워하거나 그런 감정을 나타낼 때는 그
의 영혼을 들여다보고 어떤 종류의 사람인가를 관찰하라. 그러면
그가 당신을 좋아하기를 바랄 필요가 없음을 알게 되리라. 그래도

---

56) 호메로스의 《Odysseia》에서 인용한 말.

당신은 그에게 선의를 가져야 한다. 자연은 그를 당신의 친구로 만들었고 신도 꿈이나 신탁을 통해 그를 돕고 있으며, 그가 목표로 삼고 있는 것들을 획득하도록 배려해 주고 있지 않은가.

28

올라갔다가는 내려오는 우주의 주기적 운동은 영원히 반복된다. 우주의 이성은 끊임없이 일어나고 있는 각각의 일들에 대해 충동을 갖고 있거나——그렇다면 그 충동의 결과를 받아들이라——그러한 충동을 한 번 느꼈더라도 그다음은 모두 인과율에 따라 일어나는 것이다. 다시 말해 만물은 각기 독립된 별개의 것이거나 분리할 수 없는 전체를 이루는 것이다. 설사 그 전체가 목적이 없는 우연이라 하더라도 당신은 목적 없이 살아서는 안 된다.

머지않아 흙은 우리 모두를 덮어 버릴 것이다. 그 흙도 곧 변화하며, 변한 흙도 끊임없이 변화한다. 이러한 변화는 영원히 계속된다. 이렇게 끊임없이 계속되는 변화와 변형의 물결과 순간적인 소멸을 생각한다면 죽음을 면할 수 없는 만물에 그렇게 얽매이지 않을 것이다.

29

만물의 근본적인 원인은 격류와 같다. 그것은 모든 것을 휩쓸어 버린다. 정치가이면서 또한 참된 철학 정신으로 행동한다고 자신하는 소인배들은 얼마나 하찮은 자들인가? 그들은 코흘리개 어린애와 같다. 그렇다면 무엇을 해야 하는가? 자연이 요구하고 있는 바를 행하라. 그것이 당신에게 허용되어 있다면, 당장 행하라. 당신이 하는 일을 다른 사람이 보지나 않을까 두리번대지 말라. 플라톤의 이상 국가는 기대하지도 말라. 아무리 작은 일이라도 진전되면 그것으로 만족하고 그 성과를 하찮은 것으로 여기지 말라. 인간의 신념을 바꿀 수 있는 자가 어디 있겠는가? 신념의 변화가 없다면 신음하면서 마지못해 복종하는 노예와 무엇이 다르겠는가? 자, 알렉산더와 필립, 팔레론의 데미트리우스(Demetrius)[57]의 이야기를 내게 말해 보라. 그들이 자연의 요구를 알고 그에 따라 자신을 단련했다면 나는 그들을 따르리라. 그러나 영웅인 체한 데 지나지 않았다면 내가 그들을 따르게 할 수 있는 자는 아무도 없다. 철학은 소박하고 겸허한 것이다. 나를 오만한 자만심으로 유혹하지 말라.

30

수많은 집단과 수많은 의식, 폭풍과 평온이 교차하는 인간의 다양한 항해와 태어나 함께 살고 사라져 가는 인간들의 변화를 위에서 내려다보라. 또한 오래전 옛사람들의 삶과 후세의 삶, 그리고 이

---

57) B.C 3백 년경의 아테네의 유명한 웅변가, 정치가, 철학자.

시대 야만인들의 삶을 생각해 보라. 당신의 이름조차 모르는 사람들이 얼마나 많으며, 곧 당신의 이름을 잊어버리게 될 사람들이 얼마나 많은가를 생각해 보라. 지금 당신을 칭찬하는 사람 중 얼마나 많은 사람들이 곧 당신을 비난할 것인가를 생각해 보라. 그러므로 추존과 명성, 그리고 그 밖의 모든 것이 아무런 가치도 없다는 것을 상기하라.

31

외부의 원인으로 당신에게 닥치는 일에 동요되지 말라. 당신 내부의 원인으로 생겨나는 일에는 정의로워라. 그것은 사회에 유익한 행위에 대한 충동이며 자연에 일치하는 일이므로.

32

당신은 불필요한 많은 괴로움을 자신으로부터 제거할 수 있다. 그러한 것들은 전적으로 당신 생각 속에 존재하기 때문이다. 마음에 온 우주를 포용하고, 영원한 시간을 생각하며, 만물의 신속한 변화를 생각하고, 태어나서 죽기까지의 시간이 얼마나 짧은가를 생각하며, 출생 전의 무한한 시간과 사후의 무한한 시간을 생각함으로써 당신은 넓은 세계로 들어갈 수 있는 것이다.

33

눈앞에 보이는 모든 것이 곧 사라져 버릴 것이며, 그것을 보는 사람 또한 곧 사라져 버릴 것이다. 오래 살다 죽은 사람과 요절한 사람 사이에는 아무런 차이도 없는 것이다.

34

이들을 지배하는 이성은 어떤 부류인가? 어떤 것에 관심을 기울이고 어떤 것을 사랑하고 존중하는가? 그들의 벌거벗은 영혼을 관찰하라. 그들은 자기의 비난으로 당신을 해칠 수도 있고 칭찬으로 이롭게 할 수도 있다고 믿고 있다──이 얼마나 오만한 생각인가!

35

죽음은 변화일 뿐이고 변화는 우주적 자연의 기쁨이다. 자연에 따라 일어나는 모든 것은 선하다. 모든 것이 태초 이래 자연의 명령으로 같은 방법으로 생겨났으며, 영원히 그러한 방법으로 생겨날 것이다. 그런데 어찌하여 당신은 모든 것이 잘못되었고 앞으로도 그러리라고 말하는가? 어찌하여 당신은 하늘에 있는 어떤 신도 이것을 바로잡을 능력이 없고, 그래서 세계는 줄곧 악에 의해 괴롭힘을 당할 수밖에 없다고 말하는가?

36

모든 사물의 본질은 부패이다. 즉 물이며, 먼지이며, 뼈이며, 악취인 것이다. 대리석은 흙이 굳어서 된 것이고, 금과 은은 흙의 침전물이며, 옷은 다만 털 조각이고, 자줏빛 의상의 빛깔은 생선의 피에 지나지 않는다. 그 밖의 것들도 모두 마찬가지다. 우리 생명의 숨결도 그와 같아서 이것에서 다른 것으로 끊임없이 변해 가고 있다.

37

이제 이 비참한 생활, 투덜거림, 원숭이와 같은 짓은 그만두어라! 왜 당신은 마음을 교란하는가? 인생에는 일찍이 없었던 새로운 일은 일어나지 않는다. 그런데 당신의 마음을 교란하는 것은 무엇인가? 그 외형인가? 그렇다면 그 외형을 잘 살펴보라. 그 본질인가? 그렇다면 그 본질을 잘 살펴보라. 외형과 본질 말고는 아무것도 없다. 이제부터라도 신에 대해 보다 순수하고 선량한 인간이 돼라. 이런 것들을 1백 년 살펴보든 3년 살펴보든 다를 게 없다.

38

어떤 사람이 그릇된 행위를 했다면 해악은 그에게로 돌아간다. 그런데 어쩌면 그는 그릇된 행위를 하지 않았는지도 모른다.

39

만물은 하나의 이성적 근원에서 나온 것——그렇다면 전체의 이익을 위해 일어나는 것에 대해 그 일부분이 불평해서는 안 된다——아니면 원자 무더기, 잡동사니, 흩뿌려진 것들이다. 그런데 왜 마음을 교란하는가? 당신을 지배하는 이성에게 "너는 죽었다, 너는 썩었다. 너는 짐승이 되어 버렸다. 너는 광대다. 너는 가축 떼에 끼어들어 함께 풀을 뜯어 먹고 있다"라고 말하라.

40

신은 아무런 능력도 없거나 어떠한 능력도 갖추고 있다. 만일 신들이 아무런 능력도 없다면 왜 당신은 신에게 기도하는가. 신이 능력이 있다면 이러이러한 일들이 일어나게 해 달라거나 일어나지 않게 해 달라고 기원하기보다는 이러이러한 것들에 대한 두려움과 욕망과 슬픔을 제거해 달라고 기도하는 것이 낫지 않겠는가? 신이 인간을 도울 수 있다면 분명 그런 방법으로 도울 수 있을 것이다. 당신은 이렇게 말할지도 모른다. "그러나 신은 그러한 것을 나의 능력으로 좌우할 수 있게 했다"라고. 그렇다면 당신의 힘으로 좌우할 수 있는 것을 자유인으로서 즐기는 편이 노예나 거지처럼 자신의 힘이 미치지 않는 것들로 괴로움을 당하는 것보다 낫지 않은가? 우리 자신의 능력에 속해 있는 것은 신이 도와주지 않는다고 누가 그러던가? 어쨌든, 신에게 이런 방법으로 기도해 보라. 그러면 알게 될 것이다. 어떤 사람은 "저 여자와 동침할 수 있게 해 주소서"라고 기도하지만 당신은 "저 여자와 동침할 욕망을 갖지 않게 해 주소서"라고 기도해야 한다. 어떤 사람은 "이러이러한 사람을 제거해 주소서"라고 기도한다. 하지만 당신은 "그가 제거되기를 바라지 않게 해 주소서"라고 기도해야 한다. 또 어떤 사람은 "자식을 잃지 않게 해 주소서"라고 기도하지만 당신은 "자식을 잃는 것을 두려워하지 않게 해 주소서"라고 기도해야 한다. 모든 기도를 이런 식으로 바꾸라. 그리고 그 결과를 보라.

41

에피쿠로스는 이렇게 말했다. "병중에 있는 동안 나는 육체적 고통을 화제로 삼지 않았다. 나를 찾아오는 사람들에게 그런 종류의 이야기는 하지 않았다. 나는 최대의 관심사인 자연에 관한 원리 탐구를 계속했으며, 특히 정신은 육체의 고통에도 어떻게 하면 동요되지 않고 행복을 지켜나가는가 하는 것을 연구했다. 또한 의사들에게 마치 자기들이 대단한 일을 한 듯이 우쭐댈 기회를 주지 않았다. 그러나 나의 생활은 올바르고 행복한 것이었다."

당신이 병이 들어 드러누워 있거나 어떤 곤경에 처해 있을 때도 그의 말처럼 행동하라. 어떠한 일이 일어나더라도 철학을 버린다거나 자연의 원리에 무지한 자의 어리석은 말에 맞장구를 치지 않는 것은 모든 철학의 공통된 원칙이다. 현재 당신이 해야 할 일과 그 일을 완수할 방법에만 전념하라.

42

어떤 사람의 뻔뻔스러운 행위로 화가 치밀 때에는 즉시 "세상에 뻔뻔스러운 자들이 존재하지 않을 수 있겠는가?"라고 자문하라. 그 것은 불가능한 일이다. 그러니 불가능한 것을 구하지 말라. 그는 세상에 반드시 있게 마련인 뻔뻔스러운 자 중 하나이다. 악한이나 사기꾼이나 어떤 그릇된 행위를 하는 자들을 만날 때에도 이와 같이 생각하라. 그러한 부류의 인간들도 없어서는 안 된다는 것을 상기하라. 그러면 그러한 사람들에 대해 보다 너그러운 마음을 지니게 될 것이다. 또한 자연이 그릇된 행위에 대처할 수 있는 어떤 특별한 성품을 인간에게 주었는가를 상기하는 것도 유익한 일이다. 자연은 인간에게 잔인한 행위에 대한 해독제로 친절함을 주었으며 다른 악덕에 대한 해독제로 또 다른 성품을 주었다. 보통은 잘못을 저지르는 자에게 그 행위의 그릇됨을 가르쳐 줌으로써 길을 바로잡아 줄 수 있다. 그릇된 행위를 하는 자는 자신의 참된 목적에서 벗어나 있기 때문이다.

그들로부터 어떤 해를 입었는가? 당신을 화나게 한 사람 중 누구도 당신의 정신을 해치는 어떠한 일도 하지 않았다는 것을 알 수 있으리라. 당신 정신에 악이나 해를 줄 수 있는 것은 오직 당신 안의 어떤 것이다. 어리석은 행위는 잘못된 것도 놀라운 것도 아니다. 책망받을 사람은 그가 그릇된 행위를 하리라고 예기치 못했던 당신 자신이다. 당신의 이성은 당신에게 그러한 사람이 그런 그릇된 행위를 할 것으로 예측할 수 있는 충분한 근거를 제공했는데도 그 사실을 망각하고 그의 행위에 놀라고 있으니 말이다.

어떤 사람의 배반이나 배은망덕함을 책망하기 전에 먼저 생각을 당신 자신에게로 돌리라. 그러한 성품을 가진 자가 당신에게 충성하리라고 믿었다면, 그리고 그에게 호의를 베풀어 줄 때 보답을 받기 위해 베풀었다면 그것은 당신의 잘못이며 그의 행위는 당신의 행위에 대한 충분한 보답인 셈이다. 어떤 사람에게 친절을 베풀었으면 그 이상 무엇을 원하는가? 보답을 바라지 않고 자신의 본성에 따라 행동한 것으로 충분하지 않은가? 당신의 행위에 대해 보답을 요구하는 것은 마치 눈이 보는 행위에 대해 그 보답을 요구하고 발이 걷는 행위에 대해 그 보답을 요구하는 것과 같다. 눈과 발은 각기 보는 일과 걷는 일을 위해 창조되었으며 그 목적에 따라 행동함으로써 자신의 본분을 다하고 있을 뿐이다. 이와 마찬가지로 인간은 친절한 행위를 위해 창조되었고, 친절한 행위나 공익에 봉사하는 것은 그가 창조된 목적을 수행하는 것이며 자신의 본분을 다하는 것이다.

제10권

1

오, 나의 영혼이여. 너는 선하고, 소박하고, 전일하고, 순수하고, 너를 감싼 육체보다 더 확고해지지 않으려는가? 사랑과 애정에 찬 가슴의 달콤함을 맛보지 않겠는가? 아무것도 원치 않고 바라지 않으며, 쾌락을 위해 어떤 생명체나 사물도 원치 않고, 그 쾌락을 연장시켜 줄 시간도 원치 않으며, 어떤 장소나 전원, 어떤 상쾌한 기후나 아름다운 인간관계도 원치 않고 완전히 만족하지 않으려는가? 너는 언제 너의 모든 상태에 만족하고 너의 환경을 기뻐하며 너에게 닥쳐오는 것은 모두 신에게서 오는 것이고 만족스러우며 앞으로도 그러리라고 확신할 것인가? 너는 언제 선하고 정의롭고 아름다운 완전한 존재——만물을 낳고 조화시키고 포용하여 분해되는 모든 것들로 같은 종류의 다른 것들을 만들어 내는 살아 있는 완전한 존재——의 안전과 안녕을 지키기 위해 신이 부여하는 모든 것들이 네게 만족스러운 것임을 확신하게 될 것인가? 오, 나의 영혼이여. 너는 신 그리고 인간과 조화를 이루어 그들을 비난하거나 그들로부터 비난받지 않는 자가 되지 않으려는가?

2

살아 있는 존재로서의 당신의 본성이 무엇을 요구하는지 주의 깊게 관찰하라. 당신은 살아 있는 존재인 자연의 지배를 받고 있기 때문이다. 당신의 본성이 요구하는 바가 육체적 존재로서의 당신의 본성에 어울리는 것이라면 그것을 받아들이고 행하라. 그다음으로 동물적 존재로서의 당신의 본성이 무엇을 요구하는지 주의 깊게 관찰하라. 그것이 이성적 존재로서의 당신의 본성에 어울리는 것이라면 그것을 받아들여라. 이성적 존재란 곧 사회적 존재를 의미한다. 이상의 원칙을 적용하여 쓸데없는 일에 노력을 기울이지 말라.

3

일어나는 모든 일은 당신이 자연으로부터 견디어 낼 수 있는 능력을 부여받은 일이거나 견디어 낼 수 있는 능력을 부여받지 못한 일이다. 그러므로 만일 당신에게 일어나는 일이 견디어 낼 수 있는 일이라면 불평하지 말고 자연이 준 능력으로 참고 견뎌라. 당신이 견디어 낼 수 없는 일이라 하더라도 불평하지 말라. 그 일은 당신의 불평을 압도하고 당신을 파괴할 것이니까. 어떤 일을 이익이거나 의무라고 생각함으로써 참고 견딜 수 있다고 판단했다면 실은 자연이 그 능력을 부여한 것이라는 사실을 잊지 말라.

4

어떤 사람이 그릇된 행위를 하거든 친절하게 가르쳐 주고 잘못을 지적해 주어라. 설득하지 못하면 당신 자신을 책망하든지 아니면 누구도 책망하지 말라.

5

당신에게 일어나는 일은 모두 이미 태초부터 준비된 것이다. 모든 원인과 결과의 직물(織物)은 끊임없이 당신의 존재와 그 일을 짜고 있었다.

6

우주가 원자들의 뒤범벅이 되든 자연의 질서정연함이든 나의 첫 번째 확신은 내가 자연의 지배를 받는 우주의 일부분이며, 두 번째 확신은 나와 동류의 다른 부분들과 밀접한 관계에 있다는 것이다. 이러한 생각을 마음속에 간직한다면 부분인 나는 전체로부터 할당받은 것에 대해 불평하지 않게 될 것이다. 전체에게 유익한 것이 부분에게 해가 될 리는 절대 없기 때문이다. 전체 속에는 그 자체에 유익하지 않은 것이 하나도 없다. 이것은 모든 자연에 공통된 점이지만, 특히 우주의 본질을 보면 더욱 그러하며 어떤 외적인 원인으로 스스로 해로운 것을 생산하게 되는 일은 있을 수 없다.

그러므로 전체의 일부분임을 기억하는 한 나는 전체로부터 생겨나오는 모든 것에 만족할 것이고, 내가 동류의 다른 부분들과 밀접하게 연관된 한 공공의 안녕을 해치는 행위는 결코 하지 않을 것이며, 그들을 생각하여 모든 활동을 공공의 이익을 위해 기울이고 이에 반대되는 것들은 멀리할 것이다. 그러면 인생은 반드시 평온하게 흘러가리라. 동료 시민들의 이익을 위해 행동하고, 국가로부터 부여받은 것은 무엇이든 기꺼이 받아들이는 어떤 사람의 삶을 보고 그의 인생이 평온하게 흘러간다고 판단하듯이 나의 인생은 그렇게 평온하게 흘러갈 것이다.

7

전체의 모든 부분——본래 우주 안에 포함되어 있는 모든 부분——은 소멸해야 한다. 여기서 소멸이란 변화를 의미한다. 만일 이 변화가 불가피하고 각 부분에게 본질적으로 악한 것이라면 전체의 운행은 순조롭게 진행될 수 없을 것이다. 전체의 각 부분은 항상 변화하고 끊임없이 소멸해 가고 있다. 도대체 자연이 자신의 각 부분들을 해하고 악에 빠뜨리려 하겠는가? 아니면 그러한 일이 일어나고 있다는 것을 자연이 알지 못하겠는가? 그러한 일들은 도저히 믿을 수 없다.

설사 자연의 그러한 개념을 떠나 이러한 일들을 당연히 발생하는 것으로 설명한다고 하더라도 전체의 각 부분이 변화하는 것은 당연하다고 하면서 그 변화가 부당한 일인 양 놀라거나 불평하는 것은 얼마나 우스꽝스러운 일인가? 더구나 모든 부분은 분해되어 그 사물을 구성하고 있던 요소로 되돌아가는 것 아닌가? 결국 분해가 나를 이루고 있는 요소들의 단순한 분산이 아니라 해도 고체 성분이 흙으로, 정신적 성분이 공기로 바뀌는 변화이며 그것들은 우주의 이성 속으로 다시 흡수되는 것임이 틀림없다. 우주가 주기적으로 불로 변하거나 끊임없이 새로워진다 해도 그것에는 변함이 없는 것이다.

그러나 고체 성분과 정신적 성분을 당신이 태어날 때부터 갖고 있던 것으로 생각해서는 안 된다. 그것들은 모두 어제 혹은 그저께 섭취한 음식물과 공기로부터 생겨난 것이기 때문이다. 그러므로 변화하는 것은 태어날 때 어머니로부터 받은 것이 아니라 태어난 이후 당신이 섭취한 것들이다. 이 새로운 물질이 당신을 개체로서의 고유한 특성과 밀접하게 결부시킨다고 하더라도 내가 지금 말한 사실이 달라지지는 않는다.

8

당신이 선한 사람, 겸손한 사람, 진실한 사람, 사려 깊은 사람, 올바른 마음을 지닌 사람, 고귀한 마음을 지닌 사람 등의 명칭을 얻었다면 그러한 명칭들을 더럽히지 않도록 주의하라. 그리고 그것을 잃게 되면 서둘러 회복하라. 그러나 '사려 깊은 사람'이라는 명칭은 사물에 대한 세심한 주의력과 집중력을 암시하며, '올바른 마음을 지닌 사람'이라는 명칭은 우주의 본질이 할당해 주는 모든 것을 기꺼이 받아들이는 것을 의미하며, '고귀한 마음을 지닌 사람'이라는 명칭은 즐겁든 고통스럽든 육체적 삶과 헛된 명예, 죽음, 그 밖의 모든 것을 초월하여 고양된 정신을 의미하는 것이어야 함을 명심하라. 이러한 명칭을 얻으려 애쓰지 말고 이러한 명칭에 적합한 생활을 하라. 그러면 당신은 새로운 인간이 되고 새로운 삶으로 들어갈 것이다.

이제까지의 태도로 생활을 이어감으로써 그 속에서 계속 찢기고 더럽혀지는 것은 삶에 목매다는 어리석은 자나 겁쟁이들이 하는 짓이며, 원형 경기장에서 맹수에게 갈가리 찢겨 피투성이가 되고서도 내일까지 살려 달라고 애걸하는 투사와 같은 꼴이다. 그는 내일도 똑같은 처지, 즉 똑같은 맹수의 발톱과 이빨 아래 던져질 뿐이다.

그러니 위에서 말한 몇 가지 아름다운 명칭의 길을 따라가라. 그러한 미덕과 함께 머무를 수 있다면 그렇게 하라. 마치 축복의 섬에라도 이주한 듯이. 그러나 그러한 미덕들과 함께 머무를 수 없다면, 그리고 당신 자신을 지배할 수 없다면 바로 그러한 힘을 되찾을 수 있는 당신 내부로 돌아가든지, 아니면 분노를 품지 말고 악의 없이 자유롭고 경건하게 삶을 떠나라. 그렇게 떠난다면 당신의 인생에서 적어도 한 가지는 성취한 셈이 되는 것이다.

위에서 말한 미덕을 항상 마음속에 간직하기 위해서는 신을 기억하는 것이 큰 도움이 될 것이다. 신은 아첨을 바라지 않고 이성을 부여받은 모든 존재가 자신과 같게 되기를 바란다는 것을 명심하라. 즉 신은 무화과나무는 무화과나무가 해야 할 일을, 개는 개가 해야 할 일을, 꿀벌은 꿀벌이 해야 할 일을, 그리고 인간은 인간이 해야 할 일을 다 하기 바란다는 것을 명심하라.

9

천박한 희극, 싸움, 흥분, 나태, 노예적 태도! 날마다 이러한 것들의 인상을 자연에 대한 인식으로써 분석하지 않고 마음속에 받아들인다면 당신의 신성한 원칙들이 말살되어 버릴 것이다. 그러므로 당신은 환경이 부과한 의무를 수행하는 태도로 모든 것을 관찰하고 행동해야 하며, 동시에 사고 능력을 발휘하여 각각의 일들에 대한 인식에서 얻어지는 자신에 대한 확신을 은밀하게 그러나 숨김없이 보존해야 한다. 진정한 고결함과 존엄 속에서 기쁨을 얻지 않으려는가? 또한 사물에 대한 인식, 즉 본질은 무엇이며, 우주 속에서 어떠한 위치를 차지하고 있으며, 얼마 동안 존속할 것이며, 구성하는 요소는 어떠한 것이며, 누구에게 유익하며, 주거나 빼앗을 수 있는 자는 누구인가 하는 인식 속에서 기쁨을 얻지 않으려는가?

10

거미는 파리를 잡는 것을 자랑으로 여기고, 어떤 사람은 덫으로

토끼를 잡는 것을 자랑으로 여기며, 어떤 사람은 그물로 정어리를 잡는 것을 자랑으로 여긴다. 또 어떤 사람은 멧돼지를, 어떤 사람은 곰을, 어떤 사람은 사르마티아(Sarmatia)인[58]들을 잡는 것을 자랑으로 여긴다. 그러나 이러한 것들의 원칙을 검토해 보면 그들은 모두 강도가 아닌가?

11

모든 사물이 변화하는 규칙적인 과정을 관찰하라. 즉 우주의 이러한 점에 끊임없이 주의를 기울이고 훈련하라. 그것만큼 정신을 고귀하게 만들어 주는 것은 없다. 고귀한 정신을 지닌 자는 육체의 속박에서 벗어난다. 그는 머지않아 인간 사회와 모든 것으로부터 떠나야 한다는 것을 알고 있기에 행동함에 있어서는 정의로움에, 그 밖의 모든 것에 있어서는 우주의 본질에 자신을 내맡긴다. 그는 남들이 자기에 대해 무슨 말을 하며 어떻게 생각하든, 그리고 자기에게 어떤 행동을 하든 전혀 개의치 않는다. 다만 두 가지로 만족할 뿐이다. 그것은 모든 행위에 있어서 정의롭고, 부여된 모든 것들을 기꺼이 받아들이는 일이다. 그는 평온을 방해하는 모든 근심과 욕망을 버린다. 그에게는 오직 한 가지 욕망밖에 없으니, 그것은 자연

---

58) 마르쿠스가 대항해 싸웠던 다뉴브강 변의 게르만 민족.

의 법칙(만물을 지배하는 법칙)에 일치하는 올곧은 길을 따라 나아가는 것이며 그렇게 함으로써 신에게 순종하는 것이다.

12

가야 할 길이 눈앞에 있는데 망설일 필요가 어디 있는가? 가야 할 길이 분명하게 보이면 기꺼이 단호하게 그 길을 가라. 그러나 길이 보이지 않는다면 걸음을 멈추고 가장 훌륭한 충고자들과 상의하라. 도중에 어떤 장애물이 나타나면 정의가 가리키는 길을 따라서 갈 수 있는 곳까지 조심스럽게 나아가라. 정의를 이루는 것이 최고의 성공이며, 진정한 실패는 정의를 이루지 못하는 것이다. 일마다 이성에 따르는 사람은 평온한 태도를 보이며 활동적이고 쾌활하면서도 모순이 없다.

13

잠자리에서 일어나자마자 자신에게 물어보라. "설사 정의롭고 선한 행동이 비난받는다 하더라도 무슨 문제가 되겠는가?" 그것은 문제가 되지 않는다. 다른 사람을 칭찬하고 비난할 때, 잠을 자거나 식사할 때도 오만한 자들은 어떤 종류의 인간이며 그들이 행하고, 피하고, 추구하고, 훔치고, 강탈하는 것이 어떤 종류의 것들인가를 생각하라. 그들은 손이나 발이 아니라 그들의 가장 소중한,

즉 그가 원하기만 하면 성실, 겸손, 진실, 법칙, 선한 정신 등의 근
원이 될 수 있는 그들 내부의 가장 소중한 부분으로 그따위 행위를
하는 것이다.

14

참으로 교양 있고 경건한 자는 모든 것을 주고 모든 것을 거두어
들이는 자연을 향해 이렇게 외친다. "당신의 뜻대로 주시고, 당신
의 뜻대로 거두소서." 그러나 오만한 마음이 아니라 자연에 대한 순
종과 선의로 말하는 것이다.

15

남아 있는 시간은 짧다. 여생을 산 위에서 사는 것처럼 살라. 세
계를 하나의 도시로 생각하고 자신을 그 시민으로 여긴다면 이곳에
서 살든 저곳에서 살든 아무런 차이가 없다. 사람들이 자연에 따라
살아가는 참된 인간을 보고 알게 하라. 그러한 당신을 허용하지 않
는다면 그들이 당신을 죽이게 하라. 그들처럼 사느니 죽는 편이 낫
기 때문이다.

16

'선한 인간이란 어떠한 인간인가'라는 문제를 논의하는 일에 더 이상 시간을 낭비하지 말고, 선한 인간이 되어라.

17

무한한 시간과 무한한 물질을 항상 기억하라. 무한한 물질에 비하면 낱낱의 사물은 한 알의 모래와 같고, 무한한 시간에 비하면 그 존재의 시간은 나사못의 한 바퀴와 같다는 것을 항상 기억하라.

18

사물을 주의 깊게 관찰하여 모두가 이미 분해되고 변화해 가고 있다는 것, 즉 부패하고 분해되어 가고 있다는 것을 이해하고, 어떤 의미에서 모든 사물은 죽기 위해 태어나는 것임을 알라.

19

먹고, 자고, 교접하고, 배설하는 따위의 짓을 할 때 그들은 어떠한 인간인가를 생각하라. 그리고 오만하게 권좌에 앉아 격렬히 화를 낼 때, 사람들을 지배하고 정벌할 때 그들은 어떠한 인간인가를 생각하라. 조금 전까지만 해도 그들은 얼마나 많은 욕망에 대해 노예처럼 행동했던가! 그래도 머지않아 또다시 욕망을 추구할 것이다.

20

우주적 자연이 인간에게 가져다주는 모든 것은 그에게 유익한 것이며, 그것도 가져다주는 그때 유익한 것이다.

21

"대지는 하늘에서 내리는 비를 좋아하며, 가장 신성한 하늘은 비를 내려 주기를 좋아한다(비가 하늘에 가득 차면 대지로 떨어진다)."⁵⁹⁾ 즉 우주는 다음에 생겨나야 할 것들을 창조하는 자기 일을 사랑한다. 그래서 나는 우주를 향해 이렇게 말한다. "당신이 사랑하는 것을 나 또한 사랑한다"라고. 일반적으로 사용하는 "이러이러한 일은 일어나기 좋아한다"라는 말에 담겨 있는 의미 역시 같지 않은가?

22

당신은 이제까지 살아온 이 현세의 삶을 계속하여 그것에 익숙해

---

59) 유리피데스의 말을 인용한 것.

지거나, 그런 삶을 떠나 임의로 다른 형태의 삶을 취하거나, 죽음으로써 활동에 마침표를 찍거나, 이 세 가지 중 하나를 선택해야 한다. 그 밖의 다른 선택은 있을 수 없다. 그러니 즐겁게 살라.

23

이곳이나 저곳 또는 다른 어떤 곳에서든 당신은 항상 초원의 평화를 얻을 수 있다는 사실을 분명히 인식하라. 이곳에 있는 것들은 모두 산속이나 해변 그 밖에 당신이 원하는 곳에 있는 것들과 같다는 것을 알라. 그러면 당신은 도시의 성벽 안에 살면서도 '산속에서 양 떼의 젖을 짜며 살아가듯이'라는 플라톤의 말이 사실임을 분명히 이해하게 될 것이다.

24

나를 지배하는 이성은 나와 어떤 관계에 있는가? 나는 그것으로 무엇을 하고 있는가? 나는 그것을 어떤 목적을 위해 사용하고 있는가? 나를 지배하는 이성에 예지가 빠져있지는 않은가? 나를 지배하는 이성은 사회생활로부터 동떨어져 격리되어 있지는 않은가? 육체에 흡수되고 혼합되어 육체의 의지와 욕망에 따라 움직이고 있지는 않은가?

25

주인으로부터 달아나는 노예는 도망자이다. 법칙은 우리의 주인
이니 법칙을 위반하는 자 또한 도망자이다. 만물을 지배하는 법칙,
즉 인간에게 각기 해야 할 일을 할당하는 법칙에 따라 일어난 일,
일어나고 있는 일, 일어날 일들에 대해 탄식하거나 화를 내거나 두
려워하는 자는 그 법칙에 대항하는 자이다. 따라서 탄식하거나 화
를 내거나 두려워하는 자는 도망자이다.

26

남자는 여자의 자궁 속에 아기의 씨앗을 뿌릴 뿐이다. 그다음은
다른 원인이 그 일을 맡아 아기를 형성하고 완성한다. 사소한 시작
에서 생겨난 이 결과는 얼마나 놀라운 것인가! 그리고 그 아이는 목
구멍을 통해 음식물을 삼킨다. 그다음은 다른 원인이 그 일을 맡아
감각과 충동, 개체로서의 생명, 힘, 그 밖의 많은 놀라운 것들을 만
들어 낸다. 눈에 보이지 않게 이루어지는 이러한 현상들을 생각해
보라. 그리고 일을 행하는 근원적인 힘을 파악하라. 그것은 마치 어
떤 사물을 떨어지게 하고 올라가게 하는 힘을 눈으로 볼 수는 없지
만 명백하게 느낄 수 있는 것과 같다.

27

현재 생겨나고 있는 모든 사물은 이전에 생겨난 것들과 같다는 것을 기억하라. 따라서 앞으로도 그러하리라는 것 또한 명심하라. 당신의 경험을 통해, 그리고 역사를 통해 알고 있는 똑같은 광경들을 상기해 보라. 예를 들어 하드리아누스의 궁정, 안토니누스의 궁정, 크로이수스의 궁정을. 이 무대는 현재의 것과 같으며 다만 연기하는 자만이 다를 뿐이다.

28

어떤 일에 고통스러워하거나 불만을 품고 있는 인간들을 생각해 보라. 마치 발버둥 치며 소리 지르는 제물용 돼지와도 같다. 잠자리에서 혼자 아무 말 없이 운명에 굴레 씌워져 있음을 슬퍼하는 자도 마찬가지다. 환경에 의지로써 대응하는 능력은 오직 이성적 존재에만 주어져 있으며 나머지 존재들은 오직 복종할 수밖에 없는 것이다.

29

행동 하나하나를 깊이 생각하고 내가 죽음을 두려워하는 것은 죽으면 이 일을 못 하게 되기 때문인지 자문해 보라.

30

다른 사람의 그릇된 행위에 분노를 느낄 때는 자신을 돌이켜보고 나 또한 그러한 잘못을 저지르고 있지는 않은가 생각해 보라. 예컨대 부(富)를 행복으로 생각한다거나 쾌락, 명성 따위를 행복으로 생각하고 있지는 않은가 말이다. 그러면 '그는 어쩔 수 없이 그러한 행위를 한 것이다. 그로서도 도리 없는 일이 아닌가?'라는 생각이 떠오르면서 곧 분노가 사라질 것이다. 그러나 할 수만 있다면 그를 억누르고 있는 것을 제거해 주라.

31

사티론을 볼 때는 소크라티쿠스나 유티케스나 히멘을 생각하고, 유프라테스를 볼 때는 유티키온이나 실바누스를 생각하고, 알키프론을 볼 때는 트로파이오포루스를 생각하고, 세베루스를 볼 때는 크리톤이나 크세노폰[60]을 생각하고, 당신 자신을 볼 때는 시저와 같은 황제 중 누군가를 생각하라. 어떤 사람을 볼 때는 그 사람과 비슷한 사람을 생각하라. 그리고 그들은 지금 어디 있는지 생각하라. 그들은 아무 데도 없거나 아니면 어디에나 있다. 이렇게 생각하면 인생을 연기나 무(無)에 지나지 않는다고 여기게 될 것이다. 특히 일단 변화한 것은 영원히 존재하지 않는다는 것을 상기하면 더욱 그

---

60) 크리톤과 크세노폰은 소크라테스의 친구.

러하다. 그런데 어찌하여 노심초사하는가? 어찌하여 품위 있는 태도로 짧은 인생을 살아가는 데 만족하지 못하는가?

당신이 거부하고 있는 환경들은 선을 위한 소재이자 가능성이라는 사실을 명심하라. 그 환경들은 모두 주의 깊고 정확하게 인생의 참모습을 주시하는 이성의 훈련을 위한 소재이며 가능성이기 때문이다. 강한 위장이 모든 음식물을 소화하듯이, 강렬한 불길이 자기에게 던져진 모든 것을 불태워 그것들로 열과 빛을 만들어 내듯이 당신이 거부하고 있는 모든 환경이 친숙해지고 자연스러워질 때까지 그런 훈련을 계속하라.

32

누구라도 당신을 성실하지도 선하지도 않은 사람이라고 진심으로 말할 수 있게 하지 말라. 누군가가 당신에 대해 그런 생각을 갖고 있다면 그 생각이 근거 없는 것이 되게 하라. 그것은 모두 당신에게 달려 있다. 당신이 성실해지고 선해지는 것을 방해할 수 있는 자는 아무도 없기 때문이다. 만일 그런 인간이 될 수 없다면 더 이상 살지 않겠다고 결심하라. 그런 인간이 아닐 때는 이성 자체도 당신이 계속해서 살아가는 것을 요구하지 않을 것이다.

33

당신에게 닥쳐오는 마음에 의해 좌우되는 환경, 즉 선을 위해 행할 수 있는 최선의 것, 말할 수 있는 최선의 것은 무엇인가? 무엇이 되었든 그것을 행하고 말하라. 방해를 받고 있어 못하는 척하지 말라. 관능적인 인간에게 쾌락이 가장 중요하듯이, 당신에게는 닥쳐오는 소재나 둘러싸고 있는 소재를 대할 때 당신의 인간적 본성에 어울리는 태도로 행동하는 것이 가장 중요해야 한다. 그렇게 되기까지는 슬픔이 그치지 않을 것이다. 자신의 본성에 일치하는 모든 행위는 쾌락의 한 형태로 간주하여야 한다. 그리고 당신은 어디서든 그러한 태도로 행동할 수 있다.

둥근 돌이라 하더라도 마음대로 굴러다닐 힘을 갖고 있는 것은 아니다. 물이나 불, 그 밖의 이성이 없이 본성이나 영혼에 의해 지배되고 있는 모든 사물에도 그런 능력은 부여되어 있지 않다. 왜냐하면 그런 사물을 방해하는 장애물은 너무도 많기 때문이다. 그러나 정신과 이성은 모든 장애물을 뚫고 그 본성에 따라 원하는 대로 나아갈 수 있다.

불이 위로 치솟듯이, 돌이 아래로 떨어지듯이, 둥근 돌이 비탈 아래로 굴러 내리듯이 이성은 모든 장애물을 쉽게 뚫고 진행한다는 것을 마음에 새겨라. 그것에 만족하고 그 이상은 아무것도 구하지 말라. 그 밖의 장애물은 시체와 같은 육체——육체는 생명이 없는 물체이다——에 대한 장애물이거나, 아니면 우리가 장애물이라고 판단하지 않는 한, 이성이 그것에 굴복하지 않는 한 우리를 파괴하지도, 우리에게 아무런 해를 주지도 못하는 것들이다. 만약 그렇지 않다면 그러한 장애물에 의해 방해를 받는 인간은 즉시 악에 빠져 버릴 것이다. 다른 동물들의 경우에는 어떤 해를 입게 되면 그 희생물이 되어 더욱 나빠지지만, 인간의 경우에는 그가 만나는 역경들을 올바로 이용함으로써 보다 선해지고 보다 훌륭해질 수 있다. 도시를 해치지 않는 것은 진정한 시민을 해칠 수 없으며, 법칙을 해치지 않는 것은 그 도시를 해칠 수 없다. 불행이라고 불리는 것들은 결코 법칙을 해치지 않으며, 따라서 도시에도 시민에게도 해를 입히지 못하는 것이다.

34

참된 원칙이 마음속에 뿌리내린 자에게는 널리 알려진 극히 간단한 말조차 슬픔과 두려움의 무익함을 일깨워 준다.

바람에 날려 땅 위에 흩어지는
나뭇잎.
인간은 그 나뭇잎과 같도다.[61]

당신의 자식들도 그러한 나뭇잎과 같으며, 큰 소리로 칭찬하는 당

---

61) 호메로스의 《Ilias》에서의 인용구.

신의 친구들, 저주를 퍼붓고 몰래 비난하고 조소하는 사람들 또한 그러한 나뭇잎과 같다. 당신의 명성이 전해질 후세의 사람들도 그러하다. 그들은 모두 봄철에 생겨난 잎으로, 바람이 불어닥쳐 떨어뜨리고 나면 숲은 또 다른 잎들을 키우기 마련이다. 잠깐 존재했다 사라지는 것은 만물의 공통된 운명이다. 그런데도 당신은 그러한 것들이 영원히 존속할 것처럼 추구하기도 하고 피하기도 한다. 머지않아 당신의 눈은 감길 것이다. 그리고 당신을 무덤으로 운반하는 사람도 이윽고 다른 사람들의 슬픔의 대상이 될 것이다.

35

건전한 눈이 할 일은 보이는 것이라면 모두 보는 것이며 "나는 색이 아름다운 것만을 보겠다"라는 따위의 요구를 해서는 안 된다. 왜냐하면 그것은 눈이 잘못되었음을 나타내는 말에 지나지 않기 때문이다. 건전한 귀와 코도 듣고 냄새 맡을 수 있는 모든 것을 기꺼이 듣고 냄새 맡아야 하며, 빻을 수 있는 모든 것을 기꺼이 빻는 절구처럼 건전한 위장도 모든 음식물을 기꺼이 받아들여야 한다. 이와 마찬가지로 건전한 정신은 일어나는 모든 일을 기꺼이 받아들여야 하며, "나의 자식들을 지켜 주소서"라든가 "내가 하는 모든 일에 대해 다른 사람들의 칭찬을 받게 해 주소서"라고 말해서는 안 된다. 그런 말을 하는 정신은 아름다운 색만을 요구하는 눈, 씹기 편한 음식만을 요구하는 이빨과 같다.

36

죽어가는 순간, 그 죽음을 기뻐하는 사람들에게 둘러싸여 있지 않은 사람처럼 행복한 사람은 없다. 설사 그가 유덕하고 지혜로운 사람이었다 하더라도 그 최후의 순간에는 '이제 이 지배자로부터 벗어나게 됐군. 그는 누구에게도 심하게 대하지는 않았지만 나는 그가 은근히 우리를 경멸하고 있는 것 같았어.'라고 마음속으로 중얼거리는 사람이 있을 것이다. 그들은 유덕한 사람에게도 그렇게 말한다. 하물며 그렇지 못한 우리의 경우에는 우리의 죽음을 기뻐할 사람들에게 우리에서 벗어나게 되는 것을 기뻐할 좋은 이유가 오죽 많겠는가! 죽음의 순간을 맞게 되었을 때는 '나는 바로 그러한 사람들이 살고 있는 세상을 떠나는 것이다. 내가 그토록 힘써 일하고, 기도하고, 마음을 썼던 사람들까지도 어떤 이익을 기대하며 내가 죽기를 원하고 있다'라는 사실을 상기하라. 그러면 보다 평온한 마음으로 떠날 수 있을 것이다. 대체 이러한 곳에 더 오래 머물러 있으려고 발버둥 칠 이유가 어디 있겠는가? 그렇다고 당신이 떠날 때 그들에 대한 선의가 작아져서는 안 된다. 평상시의 자신을 지켜 우정과 친절과 관대함을 유지해야 한다. 그리고 인생으로부터 밀려나는 자처럼 떠나지 말고, 영혼이 육체로부터 빠져나가듯이 평온하게 떠나라. 당신의 동료들에 대해서도 그런 태도로 떠나라. 당신을 동료들과 결합하게 한 것은 자연이었으며 이제 자연이 그 결합을 해체하는 것이기 때문이다. 나는 친척들로부터 자유로워지는 것이다. 나는 저항하지도 격정을 품지도 않는다. 그것은 자연의 한 과정이므로.

37

다른 사람들의 행위에 대해 일일이 '이 행위는 어떤 원칙으로부터 나온 것인가?'라고 자문하는 습관을 갖도록 하라. 그러나 먼저 당신 자신의 행위로부터 시작하라. 먼저 당신 자신을 시험하라.

38

당신을 조종하는 것은 내면의 깊은 곳에 숨어 있는 힘이라는 것을 기억하라. 그것은 말의 근원이며 생명의 원칙이다. 즉 인간 그 자체이다. 그러나 그것을 담고 있는 그릇인 육체나 그 주위에 붙어 있는 부분들과 동등한 것으로 상상하지 말라. 육체에 붙어 있는 부분들은 도끼와 같은 도구일 뿐이며 다른 점이 있다면 육체에 붙어 있다는 것뿐이다. 이러한 부분들은 움직이고 정지시키는 원인이 없다면 직조공 없는 북[紡錘]처럼, 글 쓰는 사람 없는 펜처럼, 마부 없는 채찍처럼 아무런 쓸모도 없는 것이다.

제11권

1

이성적 영혼의 특성은 이러하다. 자기 자신을 응시하며, 자기 자신을 분석하며, 자기 자신을 원하는 대로 만들고, 자기 자신이 맺는 열매를 스스로 즐긴다(그러나 식물의 열매나 동물에 의해 생산되는 것은 다른 것들에 의해 향유된다). 또한 이성적 영혼은 우리의 삶이 언제 예정된 한계에 이르더라도 항상 자기 일을 완수한다. 무용이나 연극이 갑자기 중단되면 그 공연 전체가 불완전한 것으로 되어 버리지만 이성적 영혼의 경우에는 언제 죽음으로 중단되더라도 계획된 일은 완전히 이루어지며, 따라서 "나는 내 것을 완전히 지배하고 있다"라고 말할 수 있는 것이다.

더구나 이성적 영혼은 온 우주와 허공을 마음대로 날아다니며 우주의 형태를 관찰할 수 있으며, 무한한 시간 속으로 뻗어나가 만물의 주기적 재생을 파악하고 이해할 수 있다. 그러므로 이성적 영혼은 우리의 후손도 새로운 것은 보지 못할 것이고 우리의 조상도 오늘날 우리가 보고 있는 것과 다른 것을 보지 못했다는 것을 알고 있다. 이해력이 있는 인간이라면 40세가 되면 과거의 모든 것과 미래의 모든 것을 본 셈이 되는 것이다. 왜냐하면 그것들은 현재의 것과 같기 때문이다.

또한 이웃에 대한 사랑, 진실, 겸손, 무엇보다 자기 자신을 존중하는 것도 이성적 영혼의 특성이다. 그런데 다른 어떤 것보다도 자기 자신을 존중하는 것은 법칙의 특성이기도 하다. 그러므로 이성의 원칙과 정의의 원칙은 같은것이다.

2

매혹적인 노래, 무용, 운동경기 따위도 일단 그것들을 분해해 보면 대단한 것이 아님을 알게 될 것이다. 몇몇 매혹적인 노래의 선율을 각각의 음조로 분해한 다음, 하나하나의 음조에 대해 스스로 "내가 이런 것들에 매혹되었단 말인가?"라고 묻는다면 당신은 곧 노래가 시들해질 것이다. 무용이나 운동경기의 동작과 자세에 대해서도 그런 식으로 해 나간다면 그것들도 마찬가지다. 다시 말해 덕과 덕의 결과를 제외한 모든 사물을 그 구성 부분들로 분해하고 분석함으로써 하찮게 여길 수 있다는 것을 항상 기억하라. 그리고 인생 전체에 대해서도 똑같은 방법을 적용하라.

3

영혼이 언제 육체로부터 풀려나더라도 그것이 소멸을 의미하든, 분해를 의미하든, 아니면 존속을 의미하든 한결같이 기꺼이 받아들

---

62) 다음에 삽입된 것이 아니라면 이 말은 많은 기독교도들의 허식적인 순교를 비난한 말일 것이다.

일 준비가 되어 있는 영혼은 얼마나 훌륭한가. 그러나 이러한 마음의 준비는 영혼 자신의 결정에서 나온 것이어야 하지 기독교도들처럼 단순히 완고한 반항심[62]에서 나온 것이어서는 안 된다. 그것은 사려 깊고 엄숙한 결정에서 나온 것이어야 하며 다른 사람을 설득시킬 수 있으려면 가식적이어서는 안 된다.

4

'내가 지금 한 일은 사회에 유익한가? 그렇다면 그것은 내게도 유익한 일이다.' 항상 이러한 생각을 떠올리고 간직하라.

5

당신이 해야 할 일은 무엇인가? 선한 인간이 되는 것이다. 그러나 그것은 우주의 본질과 인간 특유의 본질에 대한 철학적 통찰력의 결과로써 오는 것이다.

6

비극은 처음에 인생에서 일어나는 일들을 상기시켜 주기 위해 생겨났으며, 또 그러한 일들이 자연스러운 것임을 보여 주기 위해, 그리고 극장의 무대 위에서 보고 즐거워했던 일들이 인생이라는 보다 큰 무대 위에서 일어난다고 괴로워해서는 안 된다는 것을 보여 주기 위해 생겨났다. 인생의 무대 위에서 일어나는 일들도 극장의 무대에서 보는 것과 같은 과정으로 진행되며 "오, 키타이론(Cithaeron)이여!"[63]라고 절규하는 사람들조차 그들에게 닥친 일들을 참고 견디어 내는 것을 당신은 연극에서 보지 않았는가. 더구나 비극 작가들은 유익한 말을 하기도 한다. 특히,

"만일 신들이 나와 두 아들을 버리신다면 거기에는 반드시 그럴 만한 이유가 있을 것이다."[64]

라든가

"당신에게 무슨 일이 일어나든 화를 내지 말라."[65]

라든가

"곡식의 이삭처럼, 인생은 거두어들여지는 것이다."[66]

등과 같은 유익한 말들이 많이 있다.

비극 이후에는 고대 희극이 나타났는데 이것은 교사와 같은 언어의 자유분방함을 갖고 있었다. 언어의 자유분방함은 교육적 가치를 지니고 있었으며 그 노골적인 표현으로써 보는 사람들로 하여금 오만함의 사악함을 상기시켜 주었다. 디오게네스(Diogenes)도 똑같은 목적을 위해 그러한 방법을 채택했다. 그러나 그 이후에 생

---

63) 소포클레스의 《오이디푸스 왕》에서 인용한 말. 키타이론은 오이디푸스 왕이 태어나자마자 버려진 산 이름. 그는 자신이 저지른 죄를 깨닫고 자기 눈알을 뽑으며 "오, 키타이론이여, 너는 왜 그때 나를 풀어 주었는가!"라고 외치며 울부짖었다.
64) 65) 66) 유리피데스로부터의 인용구.

겨난 중세의 희극과 근대의 희극이 지향했던 목표를 살펴보라. 근대의 희극은 단순한 광대극의 기교로 타락해 버리지 않았던가? 이러한 작가들조차 우리가 알고 있는 바와 같이 몇몇 유익한 말들을 남긴 것은 사실이다. 이러한 시와 극작의 전체적인 목적은 무엇이었던가?

7

지금 처해 있는 상황보다 철학에 더 도움이 되는 상황은 없다는 것을 당신은 분명히 알고 있지 않은가!

8

이웃 가지들로부터 잘려 나간 가지는 필연적으로 그 나무 전체로부터 잘려 나가지 않을 수 없다. 마찬가지로 이웃 사람들로부터 분리된 자는 그 사회 전체로부터 분리된 것이다. 그러나 나뭇가지는 어떤 외부적인 원인에 의해 잘려 나가지만 인간의 경우에는 증오와 무관심 때문에 스스로 자신을 이웃들로부터 분리하는 것이며 그것이 자신을 공동 사회 전체로부터 분리한 것임을 알지 못한다. 그러나 인간에게는 인간 사회를 만든 제우스신으로부터 다시 이웃과 하나가 되어 전체를 완전한 것으로 만들 수 있는 선물을 줬다. 그러나 이러한 분리가 자주 일어나면 분리된 부분은 다시 결합되고 회복되기가 어려워진다. 처음부터 나무와 함께 성장하고 나무와 함께 살아온 나뭇가지는 절단되었다가 다시 접붙여진 가지와는 다르다. 정원사들의 말처럼 그러한 나뭇가지는 그 나무의 가지이기는 하지만 마음은 그 나무와 함께하고 있지 않은 것이다.

9

올바른 이성에 따르는 것을 방해하는 사람들도 당신을 건전한 행위로부터 이탈시킬 수는 없다. 그들에 대한 당신의 관대함 또한 파괴할 수 없다. 그러므로 다음 두 가지 점에 주의하라. 당신의 판단과 행위가 확고해야 한다. 더불어 당신이 가는 길을 방해하는 자들과 화나게 하는 자들에 대한 관대함을 잃지 않도록 노력하라. 화를 내는 것은 행위의 방향을 포기하거나 두려워 굴복하는 나약한 행동이기 때문이다. 자기의 행위를 포기하고 두려움에 굴복하는 자와 동족과 친구들에 대한 자신의 감정을 뒤집는 자 모두 도망자인 것이다.

10

자연의 모든 형태는 어떤 기술보다 우월하다. 기술은 자연의 모방에 지나지 않기 때문이다. 따라서 가장 완전하고 포용력 있는 최고의 자연이 기술자들의 기교에 뒤떨어질 리 없다. 또한 모든 기술들이 열등한 작품을 만들어 내는 것은 더욱 우수한 작품을 만들어 내기 위해서일 뿐이다. 그 점은 자연도 마찬가지이다. 여기에 정의의 근원이 있으며 모든 덕은 이것으로부터 나온다. 우리가 무가치한 것들에 몰두하거나, 잘 속아 넘어가거나, 제멋대로이고 변하기 일쑤라면 정의는 유지되지 않을 것이다.

11

추구하거나 회피함으로써 괴롭게 되는 외부의 사물이 당신에게 다가오는 것이 아니라, 어떤 의미에서는 당신 자신이 그것들에 다가가는 것이다. 그러므로 그것들에 관한 판단을 억제하라. 그러면 그것들도 그대로 머물러 있을 것이며, 따라서 추구하거나 회피하지 않게 될 것이다.

12

영혼이 외부의 어떤 사물을 향해 뻗어나가거나 움츠러들지 않고, 분산되거나 쪼그라들지 않고, 사물의 참모습과 자신 내부의 참모습을 비춰주는 빛 속에 있다면 그 영혼은 자기 본연의 형태인 완전한 구형(球形)을 유지할 것이다.

13

누가 당신을 경멸한다고? 그것은 당신이 관계할 일이 아니다. 관계해야 할 일은 경멸받을 만한 행동이나 말을 하지 않도록 주의하는 일이다. 어떤 사람이 당신을 증오한다고? 그것 또한 당신이 관계할 일이 아니다. 관계해야 할 일은 누구에게나 친절하고 너그럽게 대하는 것이며, 당신을 증오하는 사람에게 그의 잘못된 점을 기꺼이 가르쳐 주는 것이다. 그러나 비난하거나 너그러움을 과시하는 태도로써가 아니라, 순수하게 그리고 저 유명한 포키온(Phocion)[67]——만일 그에게 가식이 없었다면——과 같은 태도로 그렇게 해야 한다. 그것이야말로 내면에 지녀야 할 올바른 영혼이며, 당신은 어떤 일에 대해서도 화를 내거나 불평하는 태도를 신 앞에 보여서는 안 된다. 공익을 위한 일을 이루려 노력하는 자로서 본성에 따라 행동하고, 당면한 일을 우주의 본성에 일치하는 것으로 받아들인다면 어떤 악도 당신을 해치지 못할 것이다.

14

사람들은 서로 경멸하면서도 서로 아첨한다. 또 서로를 이기려하면서도 서로에게 허리를 굽힌다.

---

67) 포키온은 아테네의 장군이며 웅변가로서 변절자라는 비난을 받고 민중들에 의해 죽임을 당했다. 그때 민중들이 그에게 "마지막 할 말이 있는가?"라고 묻자, 그는 "그래도 나는 아테네인들을 원망하지 않는다"라고 대답했다.

15

어떤 사람이 "나는 당신에게 솔직하게 행동하기로 결심했다"라고 하면 그 말이 얼마나 공허하고 불성실하게 들리는가. 친구여, 무슨 짓을 하고 있는가? 당신은 미리부터 그런 말을 할 필요가 없다. 진실은 스스로 밝혀지는 법이다. 그런 말을 이마에 써 붙이고 다닐 필요는 없는 것이다. 진실은 곧바로 당신의 음성에 나타나며, 사랑하는 사람의 눈빛이 모든 것을 말해주듯 당신의 눈빛에 나타난다. 진실하고 선한 사람은 뚜렷한 고유의 향기를 지니고 있어 다가가는 사람은 원하든 않든 그 미덕의 향기를 맡게 마련이다. 그것은 불결한 자에게 다가갈 때 그들로부터 풍기는 악취를 곧 느끼게 되는 것과 마찬가지이다. 위장된 진실은 숨겨진 칼과 같다. 이리와 같은 우정[68]보다 더 추악한 것은 없다. 이리와 같은 우정은 반드시 피하라. 참으로 선하고 성실하고 선의를 지닌 자는 그러한 특징들이 그의 표정으로 나타난다. 따라서 누구나 곧바로 간파할 수 있다.

16

무가치한 것들에 관심을 두지 않는 사람은 마지막 순간까지 선한 삶을 살아갈 힘을 영혼 속에 지니고 있다. 모든 사물을 구성 요소

---

68) 이솝 우화에 나오는 이야기. 이리들이 새끼 양들을 속여 그들을 지키는 개들을 자기들에게 넘겨주게 했다.

로 분석하여 이해함과 동시에 전체로서 이해하고 이것들은 우리 내부와 자신에 대한 아무런 견해도 만들어 내지 않을 뿐 아니라 자신에 대한 어떠한 판단도 강요하지 않는다는 것을 명심하라. 그러면 무가치한 사물에 무관심해질 수 있을 것이다. 외부 사물은 그대로 가만히 있을 뿐이며, 그에 대해 판단을 내리고 그 판단을 마음속에 새겨 넣는 것은 우리 자신이다. 그러한 판단을 마음속에 새겨 넣지 않는 것은 우리의 능력에 속해 있는 일이며, 또 모르는 사이 그러한 판단들이 마음속에 스며들어 왔을 경우 즉시 제거해 버리는 것도 우리 능력에 속해 있는 일임에도 우리는 그러한 판단들을 마음속에 새겨 넣고 있다. 그런 것들에 주의를 기울이는 것도 잠깐이며 머지않아 인생은 끝나 버린다는 것을 명심하라. 그러므로 사물들이 마음에 들지 않는다 하더라도 불만을 품지 말라. 그것들이 자연에 일치하는 것이라면 기꺼이 받아들이고 불평하지 말라. 그것들이 자연에 어긋나는 것이라면 당신의 본성에 일치하는 것을 찾아내어 그것에 최선을 다하라. 자신의 선을 추구하는 것은 항상 정당한 일이다.

17

각각의 사물들은 어디서 생겨났으며, 어떤 것으로 구성되어 있으며, 무엇으로 변화하며, 변화하여 어떻게 되는가를 깊이 생각해 보라. 그리고 그러한 변화는 사물에 아무런 악(惡)도 아니라는 것을 명심하라.

18

첫째, 나는 다른 사람들과 밀접한 관계에 있음을 기억하라. 우리 모두 서로를 위해 태어났으며, 나는 양 떼를 보호하는 어미 양처럼, 소 떼를 보호하는 황소처럼 사람들을 보호하기 위해 태어났다는 것을 기억하라. 제1원칙을 돌이켜 보라. 세계가 단순한 원자들의 집합이 아니라면 자연에 의해 지배되고 있음이 분명하고 그렇다면 보다 낮은 존재들은 더욱 높은 존재들을 위해 존재하며, 더욱 높은 존재들은 서로를 위해 존재하는 것이다.

둘째, 그들이 식사할 때나 잠자리에 들었을 때, 그리고 그 밖의 경우에 어떤 종류의 인간들인가를 생각하라. 특히 그들이 그러한 행위를 하게 하는 사고방식이 어떤 종류인가를 생각하라. 그리고 그들이 어떤 종류의 자만심으로 그러한 행위를 하는가를 생각하라.

셋째, 만일 그들의 행위가 올바른 것이라면 화를 내서는 안 된다. 그들의 행위가 그릇된 것이라면 그들은 본의 아니게 모르고 한 것이 분명하다. 기꺼이 진리를 빼앗기고자 하는 영혼은 절대 없기 때문이다. 그들도 정의롭지 못한 자라든가 냉혹한 자라든가 탐욕스러운 자라고 불리기를, 다시 말해 이웃들에게 나쁜 짓을 하는 자라고 불리기를 싫어하는 것이다.

넷째, 당신 자신도 자주 잘못을 저지르며, 따라서 그들과 조금도 다를 바가 없다는 것을 명심하라. 설사 잘못을 저지르는 것을 삼간다 하더라도 당신에게는 그러한 성향이 있다. 겁쟁이라서 혹은 명성을 좋아해서 아니면 다른 그릇된 이유로 삼간다고 하더라도 마찬가지다.

다섯째, 당신은 그들이 그릇된 행위를 했다고 확신할 수 없다. 행위의 동기는 겉으로 보이는 것과 항상 일치하는 것은 아니기 때문이다. 다른 사람의 행위에 대해 많은 것들을 알고 나서야 그에 대해 올바른 판단을 할 수 있다.

여섯째, 극도로 화가 나서 도저히 참을 수 없을 때는 인생은 잠시일 뿐이며 우리 모두 곧 무덤 속에 눕혀질 운명이라는 것을 상기하라.

일곱째, 우리를 괴롭히는 것은 그들의 행위가 아니라 그에 대한 우리의 생각이라는 사실을 명심하라. 그들의 행위는 그들의 이성이 관여할 일이다. 그들의 행위에 관한 생각과 그들의 행위가 악한 것이라는 판단을 제거하라. 그러면 분노는 사라질 것이다. 그렇다면 그러한 생각과 판단을 어떻게 제거해야 하는가? 그들의 행위로 인해 당신은 조금도 더럽혀지지 않았다는 것을 떠올리면 가능하다. 만일 치욕이 포함된 행위가 해로운 것이 아니라면 당신은 수많은 악행을 저질렀을 것이며 강도나 극악무도한 자가 되었을 것이기 때문이다.

여덟째, 화나게 하고 괴롭히는 그들의 행위 자체보다 그에 대한 우리의 분노와 괴로움이 훨씬 더 견디기 어려운 것이다.

아홉째, 악의나 위선이 아닌 순수한 친절은 무엇보다도 강하다. 아무리 무례한 자라 할지라도 항상 친절하게 대하고 기회가 있을 때마다 온화한 태도로 충고해 주며 당신을 해치고자 할 때는 침착한 태도로 "친구여, 우리는 그런 짓을 하려고 태어난 것이 아닐세. 자네의 그러한 행위로 해를 입는 것은 내가 아니라 자네 자신일세." 라고 타일러 생각을 바꾸게 한다면 그도 어찌할 수 없을 것이다. 편안한 말투로, 꿀벌들조차 그런 짓은 하지 않으며 집단생활을 하는 어떤 동물도 그러한 행위는 하지 않는다는 것을 정중히 일깨워 주라. 그러나 냉소적이거나 비난하는 태도로 말해서는 안 되며 원한이 없는 애정 어린 태도로 일깨워 주어야 한다. 훈계하는 태도로 말해서는 안 되며 사람들의 칭찬을 받으려고 그렇게 해서도 안 된다. 설사 주위에 다른 사람들이 있다고 하더라도 오직 그 사람만을 위해 이야기해야 한다.

이상의 아홉 가지 교훈을 뮤즈의 아홉 여신으로부터 받은 선물처럼 마음속에 간직하라. 그리고 당신이 살아 있는 동안 인간이 되기를 시작하라. 사람들에게 화를 내지 않도록 주의하라. 그리고 아첨하지 않도록 주의하라. 둘 다 반사회적인 행위로서 재앙을 불러일으킨다. 화가 날 때 격한 감정을 나타내는 것이 남자다운 일이 아니라, 온화하고 평온한 감정을 지니는 것이 한층 인간다운 일이며 남자다운 일이라는 것, 즉 굳셈과 용기와 남자다움을 입증하는 자는 화를 내거나 불만을 품는 자가 아니라 온화한 자라는 것을 항상 기억하라. 성품이 침착하면 할수록 그는 그만큼 강한 자인 것이다. 슬퍼하는 것이 약하다는 표시인 것처럼 화를 내는 것 또한 약하다는 표시다. 슬퍼하는 것과 화를 내는 것은 상처를 입고, 또 그에 굴복했음을 나타내는 것이다.

원한다면 뮤즈 여신의 지배자가 주는 열 번째 선물도 받아들이라. 그것은 '열등한 자들이 그릇된 행위를 하지 않기를 바라는 것은 어리석은 짓'이라는 것이다. 그것은 불가능한 일을 바라는 것이다. 그런 자들이 다른 사람들에게 그릇된 짓을 저지르는 것은 인정하면서도 당신에게는 그러지 않기를 바라는 것은 비이성적이며 독단적인 일이다.

19

당신을 지배하는 영혼이 범하기 쉬운 네 가지 잘못이 있다. 그네 가지 잘못을 범하지 않도록 끊임없이 주의를 기울여라. 그 잘못을 발견하게 되면 "이것은 불필요한 생각이다," "이것은 반사회적인 생각이다", "이 생각은 나의 진정한 자아의 목소리가 아니다"라고 말함으로써 즉시 제거하라. 당신의 참된 감정이 아닌 다른 것을 말하는 것은 가장 어리석은 짓이다. 네 번째 잘못은 스스로 당신 자신을 책망하게 하는 것으로, 그것은 당신의 신성한 부분이 당신의 저열하며 곧 죽게 될 부분인 육체와 천한 쾌락에 패배하고 굴복한 경우이다.

20

당신을 구성하는 원소들 가운데 공기의 성질과 불의 성질을 띤 부분의 본질적 성향은 위로 향하는 것임에도 우주의 명령에 복종하여 육체라는 혼합물 속에 속박되어 있으며, 또한 흙의 성질과 물의 성질을 띤 부분들의 본질적 성향은 아래로 향하는 것임에도 위로 올라와 부자연스러운 위치에 놓여 있다. 이처럼 원소들조차 우주의 법칙에 복종하며, 어떤 위치를 할당받으면 우주로부터 해체의 신호가 올 때까지 그곳에 강제적으로 머물러 있는 것이다.

그렇게 볼 때, 당신을 구성하고 있는 부분 중 오직 지적인 부분만이 반항하며 할당받은 위치에 불만을 품는 것은 두려운 일 아닌가? 더구나 당신의 지적인 부분 위에는 아무런 강제적인 힘도 작용하고 있지 않으며, 자신의 본성에 일치하는 힘들만 작용하고 있는 것이다. 그런데도 당신의 지적 부분은 그것을 견디지 못하고 반대 방향으로 향하고 있는 것이다. 그릇된 행위, 방탕한 행위, 분노, 슬픔, 공포 따위로 향하는 성향은 자연으로부터 자신을 분리시키는 꼴 아닌가? 일어나는 일에 당신의 이성이 분개할 때는 자기 위치를 떠나는 것이다. 당신의 이성은 정의뿐 아니라 경건함과 신에 대한 숭배를 위해서도 만들어졌으며 이 또한 좋은 사회를 위해서 필요 불가결한 것이고, 실로 정의로운 행위보다 더 존중해야 할 것이기 때문이다.

21

일생을 통해 한결같은 인생 목적을 갖지 못한 자는 항상 동일한

인간일 수 없다. 그러나 "인생의 목적은 이러이러한 것이어야 한
다"라는 말이 덧붙여지지 않으면 이 말은 충분하지 못하다. 일반적
으로 선이라고 여겨지는 것들에 대해서 사람들의 견해는 일치하지
않지만 그중 어떤 종류의 선, 즉 공익을 위한 선에 대해서만은 모든
사람의 견해가 일치한다. 그러므로 우리가 지녀야 할 인생의 목적
은 사회적인 것, 공익에 일치하는 것이어야 한다. 자신의 모든 노력
을 이 목적을 위해 기울이는 사람은 행위가 한결같을 것이며, 따라
서 그는 항상 같은 인간이 될 것이다.

22

시골 쥐가 도시 쥐를 만난 이야기[69]를 기억해 보라. 그리고 그때
의 시골 쥐의 공포와 당황을 생각해 보라.

23

소크라테스는 대중이 신뢰하는 것들을 "도깨비"라고 부르곤 했
다. 그것은 어린이들이 놀라 달아나게 하기 위해서였다.

---

69) 이솝 우화에 나오는 이야기. 시골 쥐가 도시 쥐의 초대를 받아 갔을 때의 일.

24

스파르타 인들은 축제가 있을 때 외국인들을 위해 그늘에 자리를 마련해 주고 그들 자신은 아무 데나 앉았다.

25

소크라테스는 페르디카스(Perdiccat)[70]가 초대하자 '나는 최악의 죽음을 원치 않는다'라는 이유로 거절했다. 그 말은 '보답할 수 없는 호의를 받아들이기를 원치 않는다'라는 뜻이다.

26

에페소스인들의 기록에는 '덕을 실천했던 선조들을 항상 마음에 새기라'는 가르침이 실려 있다.

27

피타고라스학파 사람들은 매일 아침 일찍 하늘을 바라보라고 권한다. 언제나 같은 법칙에 따라 같은 방법으로 자기가 해야 할 일을

---

70) 페르디카스는 마케도니아의 왕.

행하고 있는 천체를 보고 그 순수함과 꾸밈없음을 생각하라는 것이다. 별은 아무런 베일도 걸치고 있지 않다.

28

크산티페[71]가 소크라테스의 겉옷을 가지고 나가 버렸을 때, 양가죽을 걸친 그의 모습을 생각해 보라. 그리고 그 모습을 보고 당황하여 물러가려고 하는 친구들에게 소크라테스가 한 말을 생각해 보라.

29

읽기와 쓰기를 배우지 않고서는 읽기와 쓰기의 대가가 될 수 없다. 하물며 인생이야 더욱 그러하지 않겠는가.

30

"당신은 노예로 태어났다. 그러므로 당신은 이유를 붙여서는 안 된다."

---

71) 소크라테스의 아내.

31

"……그래서 나는 마음속으로 웃고 있다."

32

"그들은 덕을 비난하고 심한 욕설을 퍼부을 것이다."

33

겨울에 무화과 열매를 찾는 자는 미친 자이다. 이미 죽은 자식을 찾는 자도 마찬가지다.

34

에픽테토스는 이렇게 말했다. "자식을 쓰다듬을 때, 자신에게 '내 아이는 내일 죽을지도 모른다'라고 말해야 한다." 그러자 사람들은 "그런 불길한 말을 한다니!"라고 했다. 그러자 그는 "그것은 조금도 불길한 말이 아니다. 자연의 한 과정을 의미하는 말일 뿐이다. 무르익은 곡식이 거두어들여진다고 하는 것도 불길한 말이겠는가?"라고 했다.

35

익지 않은 포도, 무르익은 포도, 말라빠진 포도——이러한 과정들은 모두 변화이다. 그러나 그것은 무(無)에로의 변화가 아니라 아직 존재하지 않는 것으로 변화한 것이다.

36

에픽테토스의 말처럼, 아무도 당신에게서 자유 의지를 강탈할 수는 없다.

37

그는 또한 "우리는 동의하는 기술을 발전시켜야 한다"라고 말했다. 우리의 충동이 항상 적당한 제약 아래 있도록 해야 하며, 공익을 위해 기울여지도록 노력해야 하며, 충동의 강도가 그 대상물의 가치에 상응하는 것이 되도록 주의를 기울여야 한다. 또한 욕망에서 벗어나야 하며, 우리의 의지에 속해 있지 않은 것들을 추구해서는 안 된다.

38

"문제는, 하찮은 주제가 아니라 우리가 미쳤는가 아니면 건전한

가 하는 것이다."

39

　소크라테스는 "당신은 어느 쪽을 원하는가? 이성적 존재의 영혼을 갖고 싶은가, 아니면 이성이 없는 동물의 영혼을 갖고 싶은가?"라고 묻곤 했다. "이성적 존재의 영혼을 원한다." "그렇다면 어떤 이성적 존재의 영혼을 바라는가, 건전한 영혼인가, 아니면 병든 영혼인가?" "건전한 영혼이다." "그렇다면 어찌하여 그런 영혼을 소유하려고 노력하지 않는가?" "이미 그런 영혼을 소유하고 있기 때문이다." "그렇다면 왜 싸우고 말다툼 하는가?"

제12권

1

　스스로 거부하지만 않는다면 이제까지 당신이 소망했던 모든 것들을 지금 당장이라도 얻을 수 있다. 과거의 생각을 버리고, 미래를 신의 섭리에 맡기고, 현재를 경건과 정의의 길로 향하면 되는 것이다. 경건의 길로 향해야 하는 이유는 운명을 기꺼이 받아들이도록 하기 위해서다. 자연이 운명을 가져다주었고 운명으로 인도한 것이다. 정의의 길로 향해야 하는 이유는 망설임 없이 자유롭게 진리를 말하며 법칙에 일치하고 가치 있는 것들을 행하도록 하기 위함이다. 다른 사람의 사악함, 생각과 말에 구애되지 말라. 육체의 감각에 좌우되지 말라. 육체가 느끼는 감각은 육체의 일로 내버려 두라. 삶을 떠나야 할 때가 가까워지고 있다. 다른 모든 것들을 경시하고, 당신의 이성과 내면의 신성만을 존중하며, 삶의 중단을 두려워하지 않고, 자연에 따른 삶을 살지 못함을 두려워한다면 당신을 창조한 우주에 적합한 인간이 될 것이며, 조국의 이방인이 되지 않을 것이며, 매일매일 일어나는 예기치 못한 일들로 당황하지 않을 것이며, 하찮은 것들에 의존하지 않게 될 것이다.

2

신은 모든 물질적 육체와 껍질과 불순물들이 제거된 상태의 인간의 지배적 이성을 관찰한다. 신은 오직 예지를 통해서만 작용하며, 자신에게서 흘러 나와 인간들 속으로 흘러 들어간 것과만 접촉하기 때문이다. 당신도 그러한 습관을 붙인다면 주변의 걱정거리로부터 풀려날 것이다. 자신을 감싸고 있는 육체를 바라보지 않는 사람은 옷이나 집, 명성, 그 밖의 기만적이고 허식적인 것들에 몰두하지 않기 때문이다.

3

당신은 세 가지로 이루어져 있다. 육체와 호흡, 그리고 이성이다. 이들 중 육체와 호흡은 당신이 돌봐야 한다는 의미에서 당신의 것이다. 그러나 참된 의미에서 당신의 것은 이성뿐이다. 그러므로 만일 당신이 당신 자신, 즉 당신이 이성으로부터 다른 사람과 자신의 언동, 미래에 대한 걱정, 육체에 속한 모든 것, 육체와 결부된——따라서 의지에 속해 있지 않은——호흡과 주위의 모든 소용돌이를 제거한다면 당신의 이성은 운명의 굴레로부터 풀려나 순수하고 자유로울 것이며, 올바른 일을 행하고 본연의 삶을 살게 될 것이며, 일어나는 모든 일을 기꺼이 받아들이고 참된 것을 말하게 될 것이다. 당신의 이성으로부터 격정으로 연결된 과거와 미래의 모든 것을 제거한다면 자신을 엠페도클레스의 구(球)와 같은 '자신이 둥근 것을 즐기는 완전히 둥근 구(球)'로 만들게 될 것이다. 오직 현재의 삶을 살아가라. 그러면 죽음의 순간까지 평온과 선의 속에서, 그리고 내면의 신성과 화목하게 지내며 살아갈 수 있을 것이다.

4

사람들이 누구보다 자신을 존중하면서도 자신에 대한 제 생각을 다른 사람들의 생각보다 존중하지 않는 것은 기이한 일이다. 어떤 신이나 현명한 스승이 떠오르는 생각들을 생겨나자마자 모두 큰 소리로 말하라고 명령한다면 그는 단 하루도 견뎌내지 못할 것이다. 이처럼 우리는 스스로에 대해 자신보다 이웃의 판단을 더 존중한다.

5

만물을 그토록 훌륭하게 만드신 신이, 인간에 대해 깊은 애정을 갖고 있는 신이 어찌하여 이 한 가지를 간과했을까? 특별히 선한 인간, 신과 가장 훌륭한 관계를 맺고 있는 사람, 경건한 행위와 신성한 의식으로 신성과 친숙해진 사람이 죽어 다시 태어나지 않고 완전히 사라져 버리는 것 말이다.

그러나 그것이 사실이라 해도 만일 다른 식으로 돼야 했었다면 신은 반드시 달리하였을 것이다. 만일 그것이 정당한 일이었다면 그렇게 되었을 것이며, 자연에 일치하는 일이었다면 자연은 그렇게 만들었을 것이다. 그러므로 그렇게 되어 있지 않다는 사실로부터 당신은 그렇게 되어서는 안 되었던 것이라고 확신해도 좋은 것이다. 당신은 이와 같은 그릇된 문제들로 신에게 항변하고 있다. 만일 신이 그토록 선하고 정의롭지 않다면 우리는 그렇게 신에게 항변할 수 없고, 신이 선하고 정의롭다면 우주의 어느 것도 부당하게 그리고 불합리하게 무시되는 것을 간과했을 리 없다.

6

훌륭하게 성취할 수 없다고 생각되는 일조차 행하는 데 익숙해지라. 왼손은 말고삐 잡는 일 말고는 익숙하지 않아서 다른 일을 위해서는 쓸모없는 것이지만 오른손보다 말고삐를 더 단단히 잡는다. 그것은 왼손이 그 일에 익숙해졌기 때문이다.

7

죽음이 덮치면 당신의 육체와 영혼이 어떻게 될 것인가를 생각해 보라. 인생의 짧음, 과거와 미래의 영원한 심연, 그리고 모든 물질의 덧없음을 생각해 보라.

8

겉모습을 벗겨내고 사물의 원인을 관찰하라. 행위의 근저에 있는 의도를 관찰하라. 고통, 쾌락, 죽음, 명예의 본질을 관찰하라. 불안은 모두 스스로 만들어 낸 것이고, 고통은 타인에게서 오는 것이 아니라 다른 모든 것들과 마찬가지로 자신의 견해로부터 생겨난 것임을 주시하라.

9

원칙들을 행할 때 검투사가 아니라 씨름꾼처럼 하라. 검투사는 칼을 떨어뜨리면 다시 집어 올려야 하지만 씨름꾼은 손을 들어올리기만 하면 되기 때문이다.

10

사물을 구성 물질과 원인, 그리고 목적으로 분석함으로써 그 본질을 관찰하라.

11

신이 허락하는 것만을 행하고, 신이 할당해 준 모든 것을 받아들이기만 하면 된다. 신은 인간에게 얼마나 큰 특권을 주셨는가!

12

자연에 따라 일어나는 일들로 신을 비난해서는 안 된다. 신은 의식적이건 무의식적이건 잘못을 저지르는 일이 없다. 또한 사람들을 비난해서도 안 된다. 인간은 무의식적이 아니면 잘못을 저지르지 않기 때문이다. 따라서 그 누구도 비난해서는 안 된다.

13

자신의 인생에서 일어나는 일에 놀라는 자는 얼마나 우스꽝스러운 인간인가? 그는 우주 속의 이방인이다.

14

숙명적 필연인가, 아니면 자비로운 신의 섭리인가, 그도 아니면 목적도 지배자도 없는 혼돈인가. 숙명적 필연이라면 어찌하여 반항하는가? 자비로운 신의 섭리라면 신의 도움을 받기에 합당한 자가 되도록 노력하라. 목적도 지배자도 없는 혼돈이라면 그러한 폭풍우가 이는 바다 한가운데서 당신 내면에 방향을 지시해 주는 이성이 있음을 기뻐하라. 파도가 당신을 덮친다면 육체와 숨결, 그리고 그 밖의 것들을 쓸어가게 하라. 그러나 당신의 이성만은 빼앗아 가지 못할 것이다.

15

램프의 불이 꺼지기까지는 그 밝음을 잃지 않는다. 그런데 당신 안의 진리와 지혜, 정의가 생명보다 먼저 꺼질 수 있겠는가?

16

어떤 사람이 그릇된 행위를 했다고 생각될 때는 '그것이 그릇된 행위라고 어떻게 확신하는가?' 자문하라. 설사 그릇된 행위라 해도 그는 이미 자기 얼굴을 할퀴듯이 자신을 꾸짖고 있다는 것을 기억하라.

악인이 그릇된 행위를 하지 않기를 바라는 것은 무화과나무가 열매에 신 즙을 만들지 않기를 바라는 것과 같으며, 어린아이가 울지 않기를 바라는 것과 같으며, 말이 울음소리를 내지 않기를 바라는 것과 같으며, 그밖에 필연적인 일들이 일어나지 않기를 바라는 것과 같다. 그러한 마음의 상태에 있는 악인이 어찌 달리 행동할 수 있겠는가? 악인의 행위에 분노를 느낀다면 그의 마음 상태를 개선시켜 주라.

17

옳은 일이 아니면 행하지 말고, 진실이 아니면 말하지 말라.

18

사물은 항상 전체를 보라. 그 사물의 무엇이 인상적인가를 살펴보라. 그리고 그 사물의 원인과 성분과 존속 기간 등으로 분석하여 당신 자신에게 설명하라.

19

당신의 내면에는 격정을 불러일으키거나 꼭두각시처럼 당신을 조종하는 것보다 더 강하고 더 신성한 것이 있다는 것을 깨달아라. 지금 당신의 이해를 흐리게 하는 것은 무엇인가? 공포인가? 의혹인가? 탐욕인가? 아니면 다른 어떤 것인가?

20

첫째, 되는 대로 목적 없이 행동하지 말라. 둘째, 공익이 아닌 다른 목적을 위해 행동하지 말라.

21

머지않아 당신은 무(無)로 되어 더 이상 어느 곳에도 존재하지 않을 것이고, 눈앞의 모든 사물과 현재 살아 있는 모든 사람도 그렇게 될 것이라는 사실을 기억하라. 만물은 태어나서 변화하고 변형되어 사라져 버리게 되어 있기 때문이다. 그것은 다른 것들이 그 대신 생겨날 수 있도록 하기 위해서이다.

22

모든 것은 당신의 생각이 만들어 내는 것에 불과하다. 생각은 당신 자신의 힘으로 좌우할 수 있다. 원한다면 사물에 대한 당신의 판단을 지워내라. 그러면 곶〔岬〕을 돌아 나와 사방이 잔잔하고 파도가 일지 않는 만(灣)을 발견한 선원처럼 평온해질 것이다.

23

어떤 행위든 적당한 시기에 중단하면 아무런 해악도 끼치지 않고, 또 행위자 자신에게도 아무런 해악을 입히지 않는다. 이와 마찬가지로 온갖 행위의 결합인 우리의 인생도 적당한 시기에 끝난다면 그 중단으로 인해 아무런 해도 입지 않을 것이며, 또한 이 행위의 연속을 적당한 시기에 중단시킨 자도 아무런 해를 입지 않는다. 그 시기와 한계를 결정하는 것은 자연이며, 늙어 죽는 경우처럼 자신의 본성이 결정하는 경우도 있다. 그러나 일반적으로는 우주적 자연이 결정하며 각 부분들의 변화를 통해 우주는 항상 젊음과 활기를 유지한다. 우주에 유익한 모든 것은 항상 아름답고 싱싱하다. 따라서 삶의 정지는 각 개인에게 아무런 악도 아니다. 그것은 우리의 의지

에 속해 있는 일이 아니고 공익에 어긋나는 일도 아니며 아무런 수
치도 아니기 때문이다. 오히려 그것은 선이다. 우주를 위해 적당한
시기에 일어나고 우주를 이롭게 하는 일이며 우주로부터 은혜를 받
는 일이기 때문이다. 신과 같은 길을 가며, 신과 같은 목적을 향해
나아가는 자는 실로 신의 뜻에 따라 사는 자이다.

24

다음의 세 가지 충고를 항상 마음에 새겨 두라. 첫째, 목적 없이
행동하지 말고 정의에 일치하는 방법으로 행동하라. 그리고 외부의
모든 일들은 우연이나 섭리로 일어나는 것이니 우연과 섭리를 비난
해선 안 된다는 것을 명심하라.

둘째, 인간은 그 씨가 뿌려진 때부터 영혼을 받을 때까지, 그리고
영혼을 받은 때부터 영혼을 반환할 때까지 어떠한 존재인가를 생각
해 보라. 그리고 인간은 무엇으로 형성되어 있으며, 무엇으로 분해
되는가를 생각해 보라.

셋째, 갑자기 하늘로 들어 올려져 모든 인간사를 내려다보고 그
안에 들어 있는 기만을 본다면 당신은 경멸감을 느낄 것이다. 이와
함께 주위에 있는 많은 영적인 사람과 신성한 사람을 분간할 수 있
으리라. 그러나 아무리 자주 그렇게 들어 올려진다고 하더라도 당
신은 늘 같은 것, 즉 인생의 단조로움과 덧없음을 보게 될 것이다.
그러한 단조로움과 덧없음이 허영심의 대상이다.

25

당신의 견해를 버려라. 그러면 구제될 것이다. 제 견해를 버리는 것을 누가 방해할 수 있는가?

26

어떤 일에 대해 불만을 품고 있다면 그것은 모든 일은 우주의 본질에 따라 일어나고, 부당하게 당하더라도 당신의 책임이 아니며 늘 그렇게 일어났고 그렇게 일어날 것이며 곳곳에서 그렇게 일어나고 있다는 사실, 그리고 개인과 온 인류 사이의 인연이 얼마나 밀접한 것인가를 잊고 있다. 인류는 동족, 혈연이나 종족이 아닌 이성의 동족이기 때문이다. 또한 인간의 이성은 저마다 신성하며 신으로부터 나온 것임을 잊고 있다. 어떤 것도 개인적인 소유물이 아니며 자기의 자식과 육체와 영혼조차 신으로부터 온 것이다. 또한 모든 것은 생각에 따라 좌우되며 인간은 오직 현재만을 살고, 잃는 것 또한 현재뿐임을 잊고 있다.

27

극한 분노를 터뜨렸던 사람, 최고의 영예를 누렸던 사람과 불행을 당했던 사람, 적의를 품었던 사람과 행복을 누렸던 사람을 생각해 보라. 오늘날 그들은 모두 어디 있는가. 연기와 재로 변해 전설 속에 남아 있거나 아니면 그조차 남아 있지 않다. 또 이와 같은 모든 예를 생각해 보라. 시골 영지(領地)에 대한 파비우스 카툴리누스, 도시 정원에 대한 루시우스 루프스, 바이아이(Baiae)에 대한 스테르티니우스, 카프리(Capri)에 대한 티베리우스, 베리우스 루푸스 등 자만심에 추구했던 격렬한 욕망과 노력은 얼마나 허무한가! 자신에게 주어진 물질에 만족하며 정의로운 인간, 자제력 있는 인간, 신을 따르는 인간이 되는 것을 목표로 항상 그렇게 행동하는 것이 얼마나 더 현명한 일인가. 겸손이라는 허울 속의 자만이야말로 가장 참을 수 없는 것이다.

28

"당신은 신[72]을 본 적이 있는가? 그토록 신을 숭배하는 당신은 어떻게 그 존재를 확신하는가?"라고 묻는 사람들에게 나는, "첫째, 실제로 우리의 눈으로 신을 볼 수 있다. 둘째, 나는 내 영혼을 본 적은 없지만 존중한다. 신에 대해서도 그와 마찬가지로 언제나 그의 힘을 경험한다. 그래서 나는 신이 존재한다고 확신하고 숭배하는 것이다"라고 대답한다.

---

72) 여기서 말하는 신은 태양과 별로서 스토아학파에서 신성시했다.

29

건전하고 안정된 삶을 영위하기 위해서는 각 사물의 전체적 본질은 무엇이며 그것을 이루는 요소는 무엇이며 근원은 무엇인가를 살펴보고 온 영혼으로 정의를 행하고 진실을 말해야 한다. 더불어 끊임없이 선행을 이어 나감으로써 인생을 즐기는 것이다.

30

햇빛은 벽이나 산, 그 밖의 수많은 것들에 부딪혀 부서질지라도 하나이다. 물질은 개체적 특성이 있는 수많은 개체로 나누어진다 하더라도 하나이다. 동물의 영혼은 각기 다른 비율로 수많은 본성으로 나누어진다고 하더라도 모두 하나이다. 예지를 받은 영혼은 나누어져 있는 것처럼 보일지라도 모두 하나이다. 그러나 그 이외의 것, 즉 호흡 그리고 그 밖의 감각이 없는 것들은 서로 아무런 관련도 없다. 그런데도 어떤 동일성과 유사성의 인력으로 서로 결부되어 있다. 그러나 정신은 본질적으로 동류를 향하려는 특성을 갖고 있어 동류와 결합하며 정신의 공동 의식은 결코 깨지지 않는다.

31

오래 살기를 원하는 이유는 무엇인가? 감각적 쾌락을 맛보기 위해서인가? 성장과 성장 정지를 경험하기 위해서인가? 말하는 능력을 사용하기 위해서인가? 사고 능력을 사용하기 위해서인가? 이 가운데 욕망의 대상으로 삼을 가치가 있다고 생각되는 것은 무엇인가? 이 모두가 당신에게 중요한 것이 아니라면 마지막 순간까지 이성과 신에 따라 살아가라. 그 밖의 다른 것들을 존중하여 죽음이 그러한 것들을 빼앗아 간다고 슬퍼하는 것은 이성과 신에 따라 사는 삶에 상반되는 것임을 명심하라.

32

우리 각자에게 할당된 시간은 무한한 시간의 심연 중 얼마나 미미한 부분인가! 그 시간은 순식간에 영원 속으로 사라져 버리고 만다. 또 전체 사물은 얼마나 미미한 부분이, 전체 영혼은 얼마나 미미한 부분이, 당신이 살고 있는 지구 전체는 얼마나 미미한 부분이 당신에게 할당되어 있는가! 이런 것들을 상기하여 당신의 본성의 요구에 따라 행동하고, 우주의 본성이 할당해 준 모든 것을 견뎌 내는 것 외에는 중요한 것으로 여기지 말라.

33

당신을 지배하는 이성은 자신을 어떻게 사용하는가? 모든 것이 그것에 달려 있다. 당신의 의지에 속하든 않든 그 밖의 모든 것은 시체나 연기에 불과하다.

34

쾌락은 선이며 고통은 악이라고 여기는 사람들조차 죽음을 대수롭지 않게 생각한다는 것을 상기하는 것만큼 인간이 죽음을 대수롭지 않게 생각하게 하는 것은 없다.

35

시간이 자기에게 가져다주는 것을 유일한 선으로 생각하며, 올바른 이성에 일치하는 자기 행위의 양에 괘념치 않고, 세상을 바라본 기간의 길고 짧음을 같은 것으로 생각하는 사람은 죽음조차 두려워하지 않는다.

36

오, 인간이여. 당신은 이제까지 우주라는 거대한 도시의 시민이었다. 당신이 이 도시의 시민이었던 기간이 5년이건 50년이건 무슨 문제인가. 이 도시의 법칙이 명하는 것은 만인에게 평등하다. 그러니 불만을 품을 이유가 어디 있는가. 당신은 어떤 폭군이나 부당한 판결로 이 도시로부터 쫓겨나는 것이 아니라 당신을 이 도시로 데리고 왔던 바로 그 자연에 의해 추방되는 것이다. 마치 희극 배우를 고용했던 연출가가 그를 해고하듯이. "그러나 나는 5막을 전부 끝내지 않았습니다. 겨우 3막을 끝냈을 뿐입니다."라고 당신은 말하는가? 그렇다. 그러나 당신의 인생에서는 3막이 전부다. 종말을 결정하는 것은 일찍이 당신의 창조 근원이었으며 현재 당신의 분해의 근원인 자이기 때문이다. 당신의 창조와 분해는 당신이 결정할 일이 아니다. 그러므로 만족스럽게 떠나라. 당신을 해고하는 자 또한 만족해하고 있기 때문이다.

아우렐리우스 연보

121년

- 하드리아누스 황제 5년 4월 26일, 로마의 카에리우스에서 태어났다. 마르쿠스 안니우스 베루스 카틸리우스 세베루스(Marcus Annius Verus Catillius Severus)라는 이름으로 불렸다. 아버지 안니우스 베루스(Annius Verus)는 스페인 출신의 이탈리아 귀족이었으며 사망 당시 직책은 집정관이었다. 어머니 도미티아 루킬라(Domitia Lucilla)도 귀족 집안의 딸로서 그녀의 아버지는 집정관이며 막대한 재산의 상속인이었다. 마르쿠스의 고모 안니아 파우스티나(Annia Faustina)는 부유한 귀족 티토우스 아우렐리우스 안토니누스(Titous Aurelius Antoninus)와 결혼했는데 그가 후에 마르쿠스의 양부가 되었다.

- 마르쿠스는 어릴 적부터 뛰어난 자질을 나타내어 하드리아누스 황제의 총애를 받아 '가장 진실한 자'라는 별명을 얻기도 했다. 어린 시절 로마 정통의 종교적 분위기로 말미암은 그의 경건한 성품은 어머니의 영향을 받은 것이었다.

127년 (6세)

- 기사단에 들어가다. 보통 17세가 되어야 입단이 허락되었으나 하드리아누스 황제의 특별한 배려로 들어갈 수 있었다.

128년 (7세)

• 하드리아누스 황제의 배려로 당시 유명한 종교학교에 입학.

130년 (9세)

• 생부 안니우스 베루스 죽음. 외증조부 루키우스 카틸리우스(Lu-cius Catillius, 집정관·총독 등의 요직을 지냄)의 배려로 공립학교에 다니는 대신 집에서 훌륭한 가정교사들로부터 배우기 시작함(제1권 4 참조).

• 여러 가정교사 중에서도 특히 중요한 인물은 수사학자인 코르넬리우스 프론토(Cornelius Fronto)로서 후에 마르쿠스가 스토아 철학에 몰두할 때까지 큰 영향을 주었으며 그와 주고받은 많은 편지들이 오늘날까지 전해짐.

131년 (10세)

• 이때부터 10대 전반까지 별장에서 전원생활을 하며 심신의 단련을 위해 힘씀.

132년 (11세)

• 차츰 스토아 철학에 눈을 뜨게 되어 수사학보다는 철학을 중점적으로 공부하기 시작함. 그 후 스토아 철학은 평생 정신의 등불이 되고 양식이 됨.

• 이때부터 135년까지 동방 유대인의 반란이 계속됨.

136년 (15세)

• 성년식을 거행.

- 하드리아누스 황제의 소개로 루키우스 게이오니우스 코모두스의 딸 게이오니아 파비아와 약혼. 또한 하드리아누스 황제는 집정관 직에 있던 코모두스를 자신의 후계자로 정함.
- 에픽테토스 죽음.

138년 (17세)

- 코모두스가 갑자기 폐병으로 죽자 하드리아누스는 안토니누스 피우스(Antoninus Pius)를 양자로 삼아 후계로 정함. 한편 마르쿠스 아우렐리우스는 갑자기 폐병으로 죽은 코모두스의 아들 루키우스 게이오니우스 코모두스(당시 8세)와 함께 하드리아누스 황제의 명에 따라 안토니누스 피우스의 양자가 됨. 그리하여 루키우스 게이오니우스는 루키우스 아우렐리우스 베루스라는 이름으로, 마르쿠스 아우렐리우스는 마르쿠스 아우렐리우스 안토니누스라는 이름으로 개명되고 마르쿠스는 장래 지배자의 위치에 놓임.
- 7월 9일, 하드리아누스 황제 63세의 나이로 죽음. 안토니누스 피우스가 그 뒤를 이어 황제에 오름.

139년 (18세)

- 피우스 황제는 일방적으로 마르쿠스와 파비우스의 약혼을 파기하고, 피우스 황제의 딸이며 마르쿠스의 누이동생 격인 안니우스 카렐리아 파우스티나와 약혼시킴. 마르쿠스는 피우스 황제의 후계자로 정해짐.

140년 (19세)

- 재무관이 됨.

141년 (20세)

- 집정관이 됨.

145년 (24세)

- 파우스티나와 결혼.

146년 (25세)

- 장녀 안니아 카렐리아 아우렐리아 파우스티나 태어남. 그 이후 13명의 자녀를 두었으나 8명이 요절하고, 1남 4녀만이 남음.
- 호민관, 지방 총독이 됨. 이때부터 피우스 황제의 공동 통치자로서 실제 정치에 참여하게 되어 좋아하지 않는 공직 생활, 상류 사교생활에 어쩔 수 없이 많은 시간을 빼앗김. 번잡한 나날 속에서도 스토아 철학에 전념.

161년 (40세)

- 3월 7일, 피우스 황제 죽음.
- 마르쿠스 아우렐리우스가 뒤를 이어 즉위함.
- 의동생인 루키우스 베루스를 공동 황제로 삼음.
- 피우스 황제 시대의 평화는 사라지고 외적의 침략, 변방 야만족의 소란 등 외부로부터의 위협이 끊임없이 계속됨.

162년 (41세)

- 게르마니아의 카디족, 브리타니아의 카레토니아족을 정벌함. 그러나 동방의 파르티아인(스키타이족)이 시리아에 대한 로마 지배

를 붕괴시켜 속주(屬州) 카드파드키아와 로마 지배하의 아르메니아도 위협을 받음.

• 아우렐리우스의 명령에 따라 이때부터 166년까지 루키우스 베루스가 동방을 원정.

165년 (44세)

• 바빌로니아의 세레우게이아와 그 서북쪽의 크테시폰을 정벌함.

166년 (45세)

• 동방 원정으로부터 돌아온 루키우스 베루스의 군대가 페스트를 전국에 퍼뜨려 189년까지 인구 3분의 1에서 2분의 1이 죽음.

• 북방 야만족 마르코만니가 북부 이탈리아의 베로나까지 침략해 옴.

168년 (47세)

• 침략해 온 마르코만니족에 의해 점령되었던 북부 이탈리아를 탈환함. 로마군은 이 반격으로 3년 후(171년) 오늘날의 스위스 지방까지 점령함.

169년 (48세)

• 공동 황제인 루키우스 베루스 죽음. 베루스가 죽자 게르마니아족이 다시 공격해 옴. 아우렐리우스는 다뉴브강가에 진을 치고 그곳에서 생활함. 이때부터 이 책 〈명상록〉을 쓰기 시작한 것으로 보임.

170년 (49세)

- 많은 야만족과의 싸움이 계속됨.

171년 (50세)

- 다뉴브강을 건너 적진 깊숙이 반격해 들어감.

174년 (53세)

- 시칠리아의 총독이었던 아비디우스 카시우스(Avidius Cassius)가, 아우렐리우스가 진중에서 죽었다는 소문을 퍼뜨리고 황제를 자칭하며 반란을 일으킴.

176년 (55세)

- 카시우스의 반란을 진압하기 위해 아시아로 떠남. 카시우스는 자기의 부하 두 명에게 살해당함.
- 이 원정 기간 소아시아에서 아내 파우스티나를 잃음.
- 11월, 로마로 돌아옴.

178년 (57세)

- 다시 마르코만니족과 싸움.

180년 (59세)

- 북방의 싸움으로부터 돌아오는 도중 페스트에 걸려 3월 17일 지금의 빈에서 세상을 떠남.
- 아우렐리우스의 유일한 아들 코모두스가 19세의 나이로 제위를 이어받음.

안티쿠스 책장

아우렐리우스 명상록

초판 1쇄 | 2023년 12월 15일 발행

지은이 | 마르쿠스 아우렐리우스
옮긴이 | 박병덕

펴낸이 | 이경자
펴낸곳 | 육문사

편 집 | 김대석
교 정 | 이정민
디자인 | 인지숙

주 소 | 경기도 고양시 일산동구 산두로 128 909동 202호
전 화 | 031-902-9948   팩스 | 031-903-4315
이메일 | dskimp2000@naver.com

출판등록 | 제 2016-000182 호 (1974. 5. 29)

ISBN 978-89-8203-046-8 03160

- 이 책은 저작권법에 따라 국내에서 보호받는 저작물이므로 무단 전재와 복제를 금지하며
  이 책 내용의 전부 또는 일부를 이용하려면 반드시 저작권자와 출판사의 서면 동의를 받아야 합니다.
- 이 책에 대한 문의나 잘못된 사항을 알려주시면 판을 거듭할 때마다 보완 수정을 하여
  더 좋은 책으로 만들겠습니다.
- 제작상의 문제나 잘못된 책은 구입처에서 교환해 드립니다.